O assunto é Bolsa

Uma conversa com CARLOS ALBERTO SARDENBERG & MARA LUQUET

www.saraivauni.com.br

O assunto é
Bolsa

Uma conversa com CARLOS ALBERTO SARDENBERG & MARA LUQUET

Letras & Lucros

Editora Saraiva

Editora Saraiva

Rua Henrique Schaumann, 270 – CEP: 05413-010
Pinheiros — TEL.: PABX (0XX11) 3613-3000
Fax: (0XX11) 3611-3308 — Televendas: (0XX11) 3613-3344
Fax Vendas: (0XX11) 3268-3268 — São Paulo - SP
Endereço Internet: http://www.editorasaraiva.com.br

Filiais:

AMAZONAS/RONDÔNIA/RORAIMA/ACRE
Rua Costa Azevedo, 56 — Centro
Fone/Fax: (0XX92) 3633-4227 / 3633-4782 — Manaus

BAHIA/SERGIPE
Rua Agripino Dórea, 23 — Brotas
Fone: (0XX71) 3381-5854 / 3381-5895 / 3381-0959 — Salvador

BAURU/SÃO PAULO
(sala dos professores)
Rua Monsenhor Claro, 2-55/2-57 — Centro
Fone: (0XX14) 3234-5643 — 3234-7401 — Bauru

CAMPINAS/SÃO PAULO
(sala dos professores)
Rua Camargo Pimentel, 660 — Jd. Guanabara
Fone: (0XX19) 3243-8004 / 3243-8259 — Campinas

CEARÁ/PIAUÍ/MARANHÃO
Av. Filomeno Gomes, 670 — Jacarecanga
Fone: (0XX85) 3238-2323 / 3238-1331 — Fortaleza

DISTRITO FEDERAL
SIG Sul Qd. 3 — Bl. B — Loja 97 — Setor de Indústria e Abastecimento
Fone: (0XX61) 3344-2920 / 3344-2951 / 3344-1709 — Brasília

GOIÁS/TOCANTINS
Av. Independência, 5330 — Setor Aeroporto
Fone: (0XX62) 3225-2882 / 3212-2806 / 3224-3016 — Goiânia

MATO GROSSO DO SUL/MATO GROSSO
Rua 14 de Julho, 3148 — Centro
Fone: (0XX67) 3382-3682 / 3382-0112 — Campo Grande

MINAS GERAIS
Rua Além Paraíba, 449 — Lagoinha
Fone: (0XX31) 3429-8300 — Belo Horizonte

PARÁ/AMAPÁ
Travessa Apinagés, 186 — Batista Campos
Fone: (0XX91) 3222-9034 / 3224-9038 / 3241-0499 — Belém

PARANÁ/SANTA CATARINA
Rua Conselheiro Laurindo, 2895 — Prado Velho
Fone: (0XX41) 3332-4894 — Curitiba

PERNAMBUCO/ ALAGOAS/ PARAÍBA/ R. G. DO NORTE
Rua Corredor do Bispo, 185 — Boa Vista
Fone: (0XX81) 3421-4246 / 3421-4510 — Recife

RIBEIRÃO PRETO/SÃO PAULO
Av. Francisco Junqueira, 1255 — Centro
Fone: (0XX16) 3610-5843 / 3610-8284 — Ribeirão Preto

RIO DE JANEIRO/ESPÍRITO SANTO
Rua Visconde de Santa Isabel, 113 a 119 — Vila Isabel
Fone: (0XX21) 2577-9494 / 2577-8867 / 2577-9565 — Rio de Janeiro

RIO GRANDE DO SUL
Av. A. J. Renner, 231 — Farrapos
Fone: (0XX51) 3371-4001 / 3371-1467 / 3371-1567 — Porto Alegre

SÃO JOSÉ DO RIO PRETO/SÃO PAULO
(sala dos professores)
Av. Brig. Faria Lima, 6363 — Rio Preto Shopping Center — V. São José
Fone: (0XX17) 227-3819 / 227-0982 / 227-5249 — São José do Rio Preto

SÃO JOSÉ DOS CAMPOS/SÃO PAULO
(sala dos professores)
Rua Santa Luzia, 106 — Jd. Santa Madalena
Fone: (0XX12) 3921-0732 — São José dos Campos

SÃO PAULO
Av. Antártica, 92 — Barra Funda
Fone: PABX (0XX11) 3613-3000 / 3611-3308 — São Paulo

ISBN 978-85-02-08653-1

CIP-BRASIL CATALOGAÇÃO NA FONTE
SINDICATO NACIONAL DOS EDITORES DE LIVROS, RJ

S154a
Sardenberg, Carlos Alberto
O assunto é Bolsa: uma conversa com Carlos Alberto Sardenberg & Mara Luquet - São Paulo: Saraiva/Letras & Lucros, 2009.

Inclui bibliografia
ISBN 978-85-02-08653-1
1. Finanças pessoais. 2. Bolsa de valores. 3. Ações (Finanças). 4. Investimentos. I. Luquet, Mara. II. Título.

09-4628. CDD: 332.024
CDU: 330.567.2

Editora Letras & Lucros
Rua: Pedro Soares de Almeida, 74 — Pompéia
CEP: 05029-030 São Paulo SP
Tel.: (0XX11) 3862-3781
E-mail: letraselucros@letraselucros.com.br
Edição: Eliana Simonetti
Projeto gráfico e diagramação: Camila Doubek
Pesquisa econômica: Roberto Barton Tamião
Fotos: Graça Seligman

Editora Saraiva
Diretora editorial: Flávia Alves Bravin
Gerente editorial: Marcio Coelho
Editoras: Gisele Folha Mós
Juliana Rodrigues Queiroz
Produção editorial: Daniela Nogueira Secondo
Rosana Peroni Fazolari
Marketing editorial: Nathalia Setrini
Aquisições: Rita de Cássia da Silva
Capa: Aero Comunicação

Contato com o editorial
editorialuniversitario@editorasaraiva.com.br

Nosso penhor

Agradecemos a inestimável colaboração de todas as pessoas que contribuíram para a realização deste livro, compartilhando conosco suas dúvidas e preocupações, e também seus conhecimentos e esclarecimentos. Foram elas as responsáveis por nos fazer pensar de maneira estruturada sobre questões fundamentais para os que desejam aprender ou progredir no processo de investimento de recursos, que propicia a melhoria da qualidade de vida no presente e a realização de sonhos no futuro.

Alguns dos ouvintes de nossos boletins na rádio CBN, por ordem alfabética:

Aguinaldo Alberto Peres Pereira, Alexandre Ribeiro da Silva, Amilton José Lopes de Oliveira, Andrei Jerzy Screnski, Angela Luisa Ichimura, Anna Terra, Antônio Augusto Sena Nascimento, Antônio Cardoso Saraiva, Antônio de Pádua Bernardes Cavalcanti, Antônio Sergio Silva, Arnaldo Freitas, Bruno José Olivieri de Souza, Carlos Alberto do Nascimento, Carlos Alberto Klein de Magalhães, Carlos Augusto Castello Branco, Carlos Augusto Gonçalves de Moura, Carlos Estêvão Duarte Alves Corrêa, Carlos Henrique JC Soares, Cássio Cardoso Tavelin, César Augusto Margato, César Carimbé da Rocha Neto, Céspede Fernandes de Albuquerque, Cláudio Manfredi, Claudio Martins Olesko, Cleber Cordeiro, Diego Cesar de Oliveira Vieira, Edmilson Ferriera da Fonseca, Edson da Silva Pelosi, Eduardo Dalcanale Martini, Elífaz de F. R. Roman, Elidio Martins

Pereira, Emilio Zinner, Eroídes Fideles da Silva, Evandro César Zaloti, Fábio Correa Leite, Francesco Sacco, Francis do Carmo Vargas, Francisco Felinto Junior, Francisco Jacobina Neto, Felipe Vasconcelos, Fernando Campos de Oliveira, Gabriel Caminha, Gerson Alves de Lima, Gilvan Ribeiro de Andrade Filho, Gustavo Raeli Dias Merheb, João Bosco Alves Costa, João Bosco Vieira, João Carlos Bomtempo, João Claudio Scarpin, João Guedes da Franca, Joaquim Batista Rocha, José Amorim Pontual Filho, José Carlos L. Barbosa, José Mario Cornicelli Botta, José Pio Martins, Julio Cesar M. Duarte, Julio Cesar Rodrigues Oliveira, Júlio Souza, Gelson Machado Guarçoni, Lara Ciari Pessim, Leonardo Oliveira Pena, Leonardo Valentin Zeferino, Liane Reis, Lucyane Maglioni Gonçalves, Luis Daniel Alencar, Luiz Felipe Guimarães S. de Oliveira, Luiz Menolli, Manoel Luiz da Costa Gonçalves, Marcelio Consuegra Bordon Carletti, Marcelo Froes, Marcia Duffles, Marcos André Krzizanowski, Marcus L. G. Rezende, Margarete Negro Vidal, Mariane Baldrighi, Matilde R. de Pinho, Marcos Marciano Araujo, Maurício Colhado Peres, Maurício Soares de Carvalho, Mauro Pucci, Mauro Sérgio Pessoa Cavalcanti Costa, Monica Farias Lischt, Nadiu Gomes de Oliveira, Nelia Valentim Freitas, Nelson Takeyama, Nilton de Abreu, Nilton Quaglioz, Nivio Leite Machado de Lima, Paulo Henrique da Silva Costa, Paulo Roberto Rocha Souza, Paulo Roberto Silva dos Santos, Raimundo José Souza de Araújo, Reinaldo Antonio de Almeida, Rhamonn Rangel Cottar, Renato Nobile, Reynaldo Frazzatto, Ricardo Amorin, Ricardo Duarte Vaz, Ricardo Shalders, Roberto Blatt, Roberto de Moraes Junqueira Jr., Roberto Henrique Almeida de Oliveira, Roger Anderson Haas, Rogério Ávila de Araujo, Ronald Bremberger, Ronaldo da Cruz, Rossini Mattos Corrêa, Ruben Rodrigues, Samuel Ramiro, Sergio Murilo Ribeiro, Silvia Gould Aranha Santoliquido, Tatyana Mendonça, Valério Ático Leite, Vinicius Novais de Faria, Wadih Roberto Haddad Neto, Wagner Sasso, Walter Meyer, Wilson Carlos Iglecias Motta.

Sumário

Parte II. Espaço de arrumação

Introdução

Antes de tudo, é bom explicar que você tem em mãos um livro incomum – na forma e no conteúdo. Na forma porque ele é do tipo dois em um. Em sua primeira parte, reproduz alguns boletins sobre economia, investimentos e finanças transmitidos pela rádio CBN – temperados com comentários e informações adicionais. Na segunda parte – atenção, você terá de fazer algum exercício físico quando chegar a ela – Mara responde perguntas enviadas por ouvintes, que as limitações de tempo dos boletins impedem que sejam levadas ao ar. Digamos que a intenção do formato é fazê-lo sair da imobilidade. Por outro lado, tanto os boletins como as questões são numerados e catalogados por temas, o que facilita sua vida: você poderá ir direto ao ponto que lhe interessa. Isso primeiro. Depois, é claro, dará uma espiadinha em pontos colaterais, ou abrirá numa página a esmo para descobrir uma nova questão em que pensar.

Sim, porque há boas justificativas para que você dedique tempo e atenção à leitura deste livro do começo ao fim, ponto a ponto ou salteado, de trás para frente ou de frente para trás. Ele é prático, objetivo, claro. Como jornalistas especializados em economia e finanças, pesquisamos informações e notícias, entrevistamos especialistas, e, depois de tudo bem explicado, transmitimos o que ocorre de forma a descomplicar a compreensão dos eventos que nos cercam e afetam nossas vidas.

Assim como um jornalista especializado em saúde não pode fazer cirurgias, não podemos recomendar a compra ou a venda de ações, imóveis, ou o que seja. Portanto, não espere revelações inéditas sobre as ações que estarão em alta na próxima semana, no próximo mês ou no próximo ano. Ou quais serão os resultados da Bolsa de Valores nesse período. Informações desse tipo, minimamente confiáveis, valeriam muito, muitíssimo mais do que os poucos reais que você paga para ter esta publicação.

Entretanto, nossos esclarecimentos podem ser proveitosos para quem está preocupado em guardar dinheiro no longo prazo e também para quem ainda não decidiu ser um poupador previdente. Se você é do primeiro tipo, separa uma parte do que ganha planejando dispor de recursos para realizar projetos ou garantir uma aposentadoria tranquila, terá interesse em saber que, no longo prazo, as ações tendem a ter performance melhor do que a renda fixa – e os motivos pelos quais isso acontece. Caso se identifique com o segundo tipo, saiba que o desempenho da Bolsa de Valores é reflexo da economia do país e também interfere nela, o que leva seus sobes-e-desces a afetarem a vida de todos os brasileiros. A Bolsa, portanto, é um mercado que merece atenção.

Para que tenhamos uma ideia do quadro geral

Os investimentos em renda fixa são remunerados pela taxa de juro. Vamos então começar por aí, ou seja, pelo custo do dinheiro.

O crédito é uma alavanca do desenvolvimento econômico. Quando o juro é alto, os empréstimos se tornam caros. As pessoas consomem menos. Também os empresários preferem deixar dinheiro aplicado nos bancos a empregá-lo na expansão de negócios. Afinal, com as vendas encolhendo, o que justificaria ampliar uma empresa ou melhorar produtos?

Taxa de juro elevada, como se vê, asfixia a economia, desestimula investimentos produtivos e elimina vagas de trabalho. Daí que nenhum país possa ou deva sustentá-la assim por muito tempo.

No Brasil, as taxas de juro foram cruelmente altas entre os anos 1980 e 1990, tempo em que os preços subiam a cada instante. Para estancar essa escalada, o custo do crédito foi elevado e houve queda no consumo e na produção. O Plano Real, de 1994, entrou para a história global como um dos sucessos mais extraordinários de controle da inflação. Entretanto, o país pagou um preço heróico por esse êxito: a partir daquele ano, os brasileiros conviveram com juros de mais de dois dígitos.

Essa fase de quase duas décadas foi difícil para os consumidores, que corriam ao supermercado tão logo recebiam o salário, ameaçados pelas incansáveis maquininhas de remarcação de preços. Também foi desestimulante para os empreendedores, pois era muito menos trabalhoso aplicar o dinheiro em títulos do governo do que montar empresas e atrair compradores. Com o juro nas alturas, sequer era necessário queimar as pestanas para escolher alternativas de investimento de maior ou menor risco e conseguir rendimentos superiores a 1% ao mês. Esta foi uma temporada sensacional para os 'rentistas', aqueles que vivem de renda, que fizeram a festa. Ganharam muito sem despender esforço.

O gráfico a seguir mostra as oscilações do juro médio no Brasil, entre 1994 e 2009.

A queda do juro abriu uma nova etapa na vida do brasileiro – em especial na daquele que investe. O mercado de ações passou a ser uma alternativa com potencial para obtenção de rendimento diferenciado. Desta forma, a Bolsa de Valores tornou-se rota incontornável dos que guardam dinheiro e buscam as melhores maneiras de multiplicá-lo no longo prazo.

Pense como isso faz sentido. A Bolsa de Valores é o local onde são negociadas as ações das empresas. Portanto, nessa fase específica que o Brasil atravessa, quando o consumo e o investimento produtivo são crescentes, nada mais sensato do que lhe dar atenção.

Desde o princípio falamos na Bolsa como um investimento positivo no longo prazo. Vejamos por que.

Acontece que o comportamento da Bolsa não depende exclusivamente da variação do juro de um mês para outro, ou das épocas de maior ou menor consumo: acompanha o crescimento da economia, da produtividade dos negócios e de seus avanços num espaço de tempo mais amplo. Desta forma, com oscilação na taxa de juro ou com crises econômicas, no longo prazo o resultado de investimentos no mercado de ações tende a superar o obtido na renda fixa.

No curto prazo a coisa é bastante diferente. Algumas ações sobem de um dia para outro, em altas tão espetaculares que podem nos deixar cegos diante dos perigos que corremos. Por vezes, também, caem tão abruptamente que chegamos a duvidar que um dia voltem a se recuperar. A Bolsa, nessas condições, embute um risco maior do que a renda fixa. Daí ser preciso conhecer o caminho antes de enveredar por ele no embalo de ilusões.

No jargão financeiro, o movimento de altas e baixas é conhecido como volatilidade e espelha o risco das aplicações. Os gráficos a seguir comprovam que a variação do preço das ações é maior do que a oscilação do preço dos papéis de renda fixa.

Aqui oferecemos esclarecimentos para que você seja um investidor bem sucedido. O primeiro vale ouro: desconfie de qualquer um que saque da cartola soluções simplistas para suas questões.

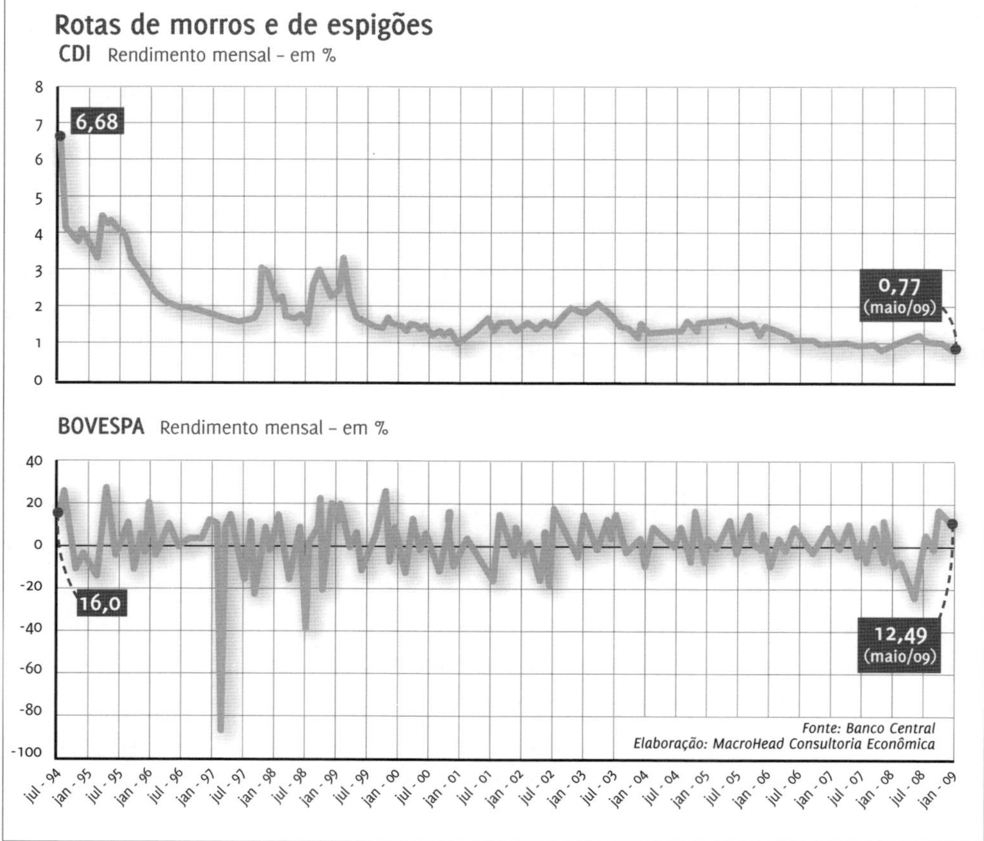

Temos também algumas certezas:

- Você não vai ficar milionário se pular a todo o momento de uma aplicação para outra. A serenidade é grande conselheira.
- Gestores profissionais contam com equipes de analistas, softwares e pesquisas para operar em mercados. E nem sempre acertam. Portanto, não desespere diante de um passo mal dado.
- Em matéria financeira não há lugar para fórmulas mágicas. Assim, jamais leve a sério alguém que lhe ofereça uma maneira infalível de ganhar muito dinheiro em pouco tempo.
- Todo investimento inclui certa dose de risco. Retornos mirabolantes indicam riscos proporcionalmente elevados. Se o retorno parecer bom demais, pode ser falso ou resultar de fraude.

Seu dinheiro é coisa séria, muito séria. Escolher investimentos também. Investir exige dedicação, pesquisa, disciplina, tempo e, evidentemente, algum dinheiro. Mesmo analistas e gestores experientes encontram dificuldade em acertar o tempo correto de entrar e sair da Bolsa ou de outro mercado. O melhor é construir uma carteira diversificada – usando aquela conhecida técnica de não depositar todos os ovos num mesmo cesto, reparta suas economias em várias modalidades. Assim, seus riscos de perder são reduzidos e os de ganhar aumentam.

Outras observações importantes:

- Você pode gostar de jogar, inclusive suas poupanças, em apostas de retorno duvidoso. Mas seja consciente: ninguém além de você terá de lidar com a sorte, o azar e suas consequências.
- Avalie seus objetivos, suas características pessoais, suas necessidades de caixa. Busque informações de qualidade e, considerando seu perfil, monte uma carteira com investimentos variados.
- Tenha sempre em vista que o mérito de seu sucesso como investidor é todo seu, mas que, da mesma forma, é sua a responsabilidade pelos erros que cometer. Portanto, todo cuidado é pouco.

Este preâmbulo é um aperitivo do que está por vir nas próximas páginas, escritas para que você saboreie com calma, pensando em cada palavra, frase, parágrafo, capítulo; vire e revire não apenas o livro, mas também suas idéias, seus valores, seus princípios. Não perca tempo. Você com certeza já ouviu alguém dizer que tempo é dinheiro, não é? Pois então! Vamos aprender a ganhar, guardar e multiplicar dinheiro! ✓

Contato com os autores:
letraselucros@editorasaraiva.com.br

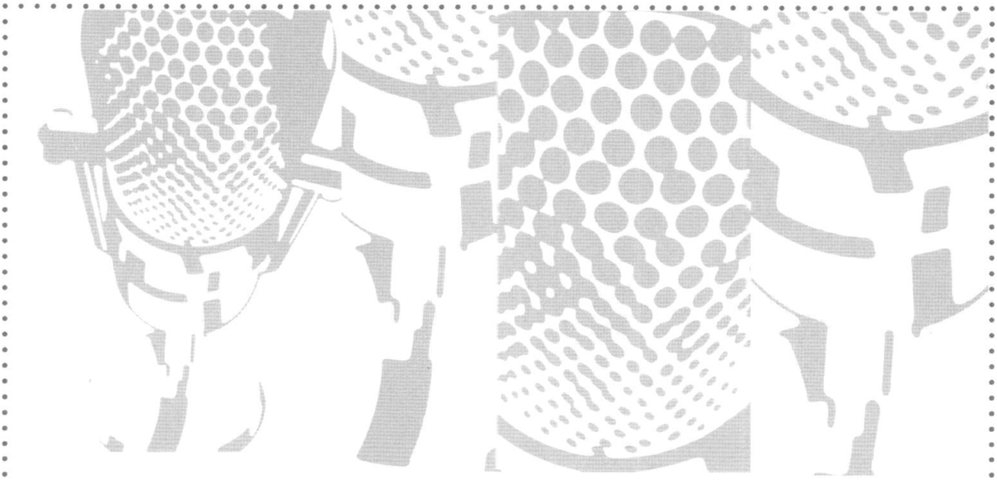

Parte I

Uma carteira de boletins transmitidos pela CBN

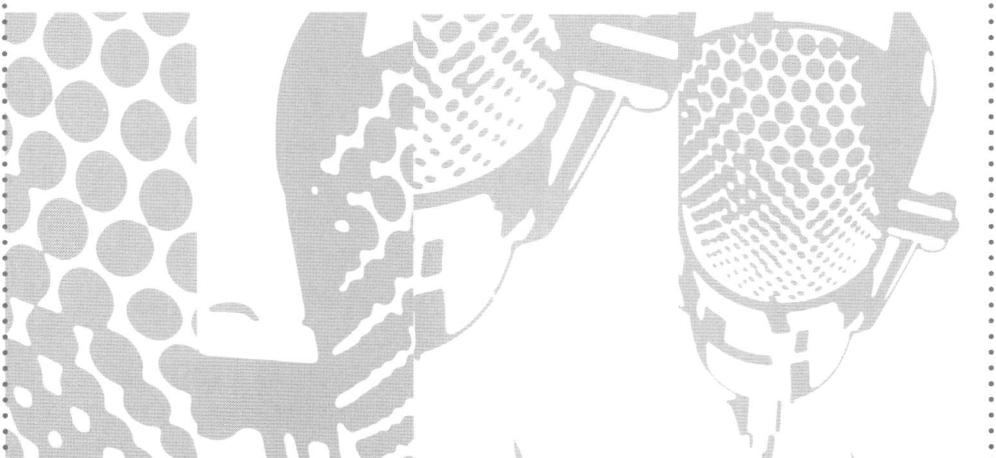

Índice

Parte I. Uma carteira de boletins transmitidos pela CBN

1

Por que investir na Bolsa?

Sardenberg – Mara: razões para investir na Bolsa. Ela está em alta legal hoje...

Mara – É curioso. A Bolsa tem movimentos de alta e de queda. Quando começa a acumular alta muito forte, recebo uma quantidade enorme de emails com perguntas do tipo: "Como faço para investir na Bolsa?", "Qual a melhor ação para comprar?".

Sardenberg – Todo mundo vai naquela linha: comprando na alta...

Mara – Pois é... E vendendo na baixa. Quando estou viajando e passo dois, três dias sem olhar os resultados da Bolsa, fico sabendo do que está acontecendo ao abrir minha caixa de emails e verificar quais são as questões e preocupações dos ouvintes.

Sardenberg – Quem entende do ramo diz o seguinte: quando começam a perguntar sobre a hora de vender ações é justamente o momento em que os investidores mais desavisados querem saber como comprar ações...

Mara – Dá até para criar um termômetro. Vamos então aproveitar para responder à questão de por que comprar ações agora. Porque existem várias incertezas e na Bolsa elas se traduzem em volatilidade. Fiz um resumo de cinco motivos para investir na Bolsa.

SARDENBERG – Vamos ao primeiro...

MARA – Porque você tem dinheiro disponível para investimento no longo prazo. Recebi um email de uma pessoa que tem dinheiro disponível por sete ou oito meses e quer aplicar na Bolsa. Acontece que não se investe em empresas em sete ou oito meses. O prazo é muito curto e, nessas condições, a pessoa estará especulando e não investindo. O passo é arriscado. Dinheiro que tem de ser utilizado em seis ou sete meses definitivamente não é para investimento em Bolsa.

SARDENBERG – O que é longo prazo?

MARA – Pelo menos dois anos. Na verdade, longo prazo mesmo deve ser superior a cinco anos. Em um ano o risco é muito alto. Com dois anos já é possível vislumbrar uma pequena oportunidade. Mas o ideal é investir na Bolsa um dinheiro sem data marcada para resgate. Assim é possível esperar o melhor momento para a venda dos papéis. De outro modo, se você sabe que vai precisar do dinheiro numa data marcada, pode ter problemas, ter de sacar numa fase não muito favorável.

SARDENBERG – É um constrangimento. Pode ser que, quando chegar a hora do resgate, a Bolsa esteja no buraco.

MARA – Pois é. Tudo pode acontecer. Fatos imprevisíveis podem fazer a Bolsa cair. Acho até que podemos mudar o primeiro ponto: para investir na Bolsa é preciso ter dinheiro disponível sem data para resgate.

SARDENBERG – Dois. Qual é a segunda razão?

MARA – Porque você acha que a empresa vai crescer. Que vai lucrar e pagar dividendos. Você investiria num resort em Bagdá? Acho que não. Isso porque não parece haver chance desse resort se tornar um bom negócio nos próximos anos.

SARDENBERG – Já ações de uma empresa com um poço de petróleo no Iraque poderiam ser atraentes...

MARA – É isso. É preciso começar pela avaliação do negócio. É claro que você terá acesso a relatórios de analistas, mas há um fator pessoal que pesa na decisão. Sempre será melhor investir em negócios em que você acredite, que contem com bom volume de consumidores e que, portanto, tendam a crescer. Porque investir na Bolsa é investir em empresas.

SARDENBERG – Terceiro. Qual a terceira razão para investir na Bolsa?

MARA – Porque você quer diversificar. Este é um ponto relevante. Você já tem aplicações em imóveis, renda fixa ou outras modalidades. Então decide investir algum recurso em ações, o que é uma boa forma de diversificar. Problema existe quando a pessoa não tem qualquer investimento em renda fixa e decide aplicar direto em ações.

SARDENBERG – Está certo. Então o ponto numero três é: desde que você tenha aplicações seguras, diversifique. Invista outros recursos na Bolsa.

MARA – Isso. É bom ter pelo menos algum dinheiro em renda fixa. Porque a renda fixa é uma aplicação mais segura, é como um colchão que dá à pessoa conforto para aplicar em ações sem maiores sustos.

SARDENBERG – Vamos ao quarto motivo para investir em ações.

MARA – Porque você quer ser sócio de um negócio. Este é o seu caso? Pois pode investir na pizzaria do cunhado, na butique da irmã; e também na Vale, na Petrobras ou em outras tantas empresas com ações na Bolsa. A Bolsa é um caminho eficiente para quem quer ser sócio de um bom negócio.

SARDENBERG – E a quinta? Qual a quinta razão para investir na Bolsa?

Mara – Porque você tem nervos de aço.

SARDENBERG – Boa essa!

MARA – É verdade. Se você não tiver nervos de aço não adianta. No mercado de ações existe o imponderável, o imprevisível, como questões políticas, econômicas, e tantas outras. Tudo influi nos resultados. Veja o caso da gripe suína: apareceu de repente e imediatamente impactou a economia. É preciso ter tranquilidade e segurança sobre o que se está fazendo, ou não é nada difícil ficar com os nervos em frangalhos.

Só para você, leitor

Invista na Bolsa pelos motivos corretos e, principalmente, pelos ganhos futuros. Não entre nesse mercado pelo alto retorno que ele entregou no passado a seus amigos, cunhados e parentes. Pode parecer brincadeira, mas é sério.

São muitas as pessoas que compram ações com o olho no retrovisor: pelos ganhos generosos da Bolsa no passado e pela euforia contagiante nos momentos de alta (leia mais no próximo Capítulo). Assim, cometem o pecado capital do mercado de ações: comprar na alta e vender na baixa.

Quando vem a baixa – porque ela sempre vem, embora poucos, bem poucos, consigam prever o momento – os que não se prepararam assustam, sofrem e por fim vendem tudo por valor inferior ao que investiram na compra. Ou seja, é preciso fazer o dever de casa, conhecer os riscos e saber até que ponto a situação é confortável para você, especificamente.

Para ser bem sucedido na Bolsa de Valores você precisa vender suas ações por preço maior do que pagou por elas. Simples assim. Ocorre que esta operação poderá se complicar se você:

Pagar muito caro por suas ações – como em qualquer compra de imóvel, carro, roupas, sapatos, é preciso avaliar o que se paga ao comprar ações – se o valor é compatível com o bem adquirido. Esta não é a única variável, mas é extremamente relevante. Se comprar ações de uma empresa por preço elevado, você só conseguirá lucro na operação, por melhor que seja a empresa, quando ela crescer, for lucrativa, tiver boas perspectivas, e tudo isso repercutir no valor de seus papéis – o que pode levar muito tempo. Portanto, nunca despreze os momentos de baixa. Você poderá pagar uma pechincha por verdadeiras jóias.

O gráfico a seguir mostra as oscilações da Bolsa nos últimos 10 anos.

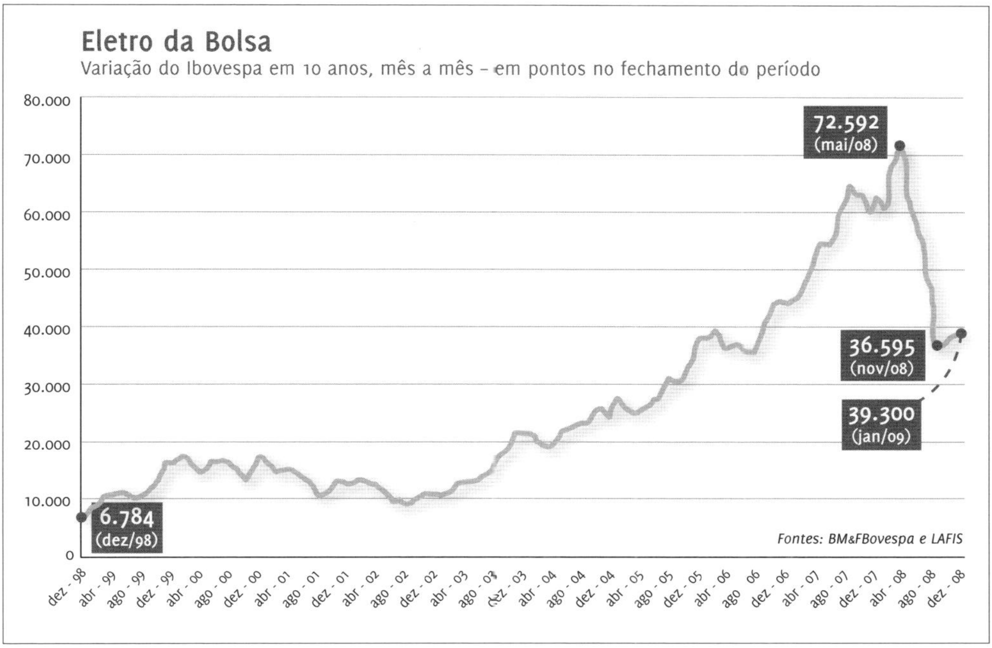

Errar o momento de vender suas ações – se você aplicar na Bolsa apenas o dinheiro de que não precisa com urgência, sem data certa para resgate, poderá esperar o melhor momento para vender suas ações. E qual o melhor momento? Bem, evidentemente as ações deverão ser vendidas por valor maior do que o pago por elas. Entretanto, no longo prazo, isso pode acontecer diversas vezes e em gradações variadas, ou seja, você pode vender quando o valor for um pouco maior ou quando for muito maior. A segunda alternativa, é claro, é sempre a melhor. Uma recomendação ajuda a resolver este problema: planeje o gasto. É útil traçar uma linha do tempo – com início na data da aplicação e término na data em que você pretende utilizar os recursos. Considerando a última, faça transferências regulares para a renda fixa, menos sujeita a oscilações. O resgate em etapas contribui para a formação de um preço médio, estratégia recomendada também para a compra de ações (veja detalhes sobre *dollar-cost averaging* nos capítulos 7 e 15). Dessa forma, se a Bolsa subir no dia seguinte ao de seu resgate, você ainda terá algum estoque para vender a preço melhor. Por outro lado, se a Bolsa cair, terá escapado do prejuízo, e poderá esperar sem pressa a melhor ocasião para vender o restante.

Ninguém precisa ser gênio de Wall Street, da matemática financeira e dos negócios para ser bem sucedido na Bolsa. Precisa, sim, ter disciplina, muita força de vontade para resistir à ganância e coragem para superar o medo. Não estamos querendo dizer que estas são qualidades menores. Ao contrário. São raras. Este livro pretende ser uma contribuição para que você se oriente. E falhas como as citadas são as duas principais causas de experiências desastrosas na Bolsa. Portanto, escape dessas armadilhas.

Histórias de ouvintes

Ganância

Ao contrário das aplicações em renda fixa, que dão retorno lentamente, principalmente quando o juro está baixo, na Bolsa os ganhos podem se multiplicar de um dia para outro. Pode apostar que você ficará maravilhado. Em tempos de alta a Bolsa é um verdadeiro nirvana – e é difícil acreditar que esse paraíso se esvanecerá quando o mercado entrar num período de baixa. Enquanto o nirvana durar, será necessário muito sangue-frio para não embarcar na empolgação e despejar todas as suas reservas em ações.

Um ouvinte que começou a investir na Bolsa em três de janeiro de 2005, dia em que o Ibovespa fechou a 25.722 pontos, é uma dessas pessoas empolgadas: ficou encantado com a alta. Como o mercado apenas subia, em 2007 começou a tomar empréstimos para aplicar em ações sem vacilar. Primeiro vendeu o carro e comprou ações. Ficou sem carro? Não. Comprou outro a crédito. Em 2008 foi além. Pediu à mulher, que trabalhava em banco e tinha acesso a linhas de crédito mais em conta do que as oferecidas no mercado, que tomasse um empréstimo. Neste ano o Ibovespa chegaria aos 70 mil pontos. Seu raciocínio era simples: o retorno com a Bolsa pagava o financiamento e deixava sobra para embolsar um bom dinheiro. Mas veio a crise. No segundo semestre de 2008 o índice da Bolsa despencou para 29 mil pontos. Resultado: os ganhos se foram e a dívida permaneceu.

A tabela a seguir mostra o tamanho do ganho que este ouvinte obteve em 2007 e do prejuízo que amargou em 2008.

Perdas imprevisíveis

Variação média anual da taxa de juro mensal para crédito consignado e a oscilação do Ibovespa

	2007	2008
Custo do Financiamento	31,1%	28,7%
Resultado do Ibovespa	43,7%	-41,2%
Ganho ou Perda	12,6%	-69,9%

Fontes: Banco Central, BM&FBovespa e LAFIS

Medo

O medo de investir em ações muitas vezes está associado à falta de informação. Em momentos de crise é comum jornais e revistas estamparem manchetes alarmantes sobre enormes tombos nos preços de ações. Histórias de gente que perdeu dinheiro em Bolsa passam de boca em boca, ganham contornos assustadores. Nessas condições, não é de espantar que você se apavore.

Entretanto, segundo dados apurados pelo Serviço de Apoio à Micro e Pequena Empresa (Sebrae) em outubro de 2008, 27% das empresas abertas no estado de São Paulo fecham as portas no primeiro ano de existência e 60% não conseguem emplacar o quinto ano de vida. Ou seja, você corre mais risco investindo todo seu dinheiro na inauguração de um negócio próprio do que ao se associar a companhias já estabelecidas. Não esqueça: investir na BM&F Bovespa significa se associar a uma empresa – e há mais de 400 companhias com ações negociadas no pregão (mais precisamente, havia 431 listadas em maio de 2009), um número que tem crescido a uma taxa média de 10% ao ano.

Quando o governo vendeu ações da Petrobras e abriu a possibilidade de aplicação do dinheiro dos trabalhadores retido no Fundo de Garantia do Tempo de Serviço (FGTS) para a compra, em 2000, alguns ouvintes ficaram desconfiados. "Se partiu do governo não é bom", escreveu um deles naquela época. Outros diziam ter medo da operação, já que consideravam o mercado de ações muito arriscado.

Dois fatores contribuíram para aqueles que analisaram a operação optarem pelo investimento:

- O rendimento do FGTS é muito baixo (TR mais 3% ao ano) e este é um dinheiro que tende a ficar aplicado por um prazo longo. Só é permitido o resgate em casos especiais, como a compra da casa própria ou a perda do emprego (veja mais sobre as formas de utilização do FGTS no link que trata do assunto disponível no site da Caixa Econômica Federal: **www.caixa.gov.br**).
- A Petrobras é considerada uma das melhores empresas no setor de energia no mundo. Atrai muitos investidores estrangeiros. Seu desempenho é acompanhado de perto por analistas de ações, no Brasil e no exterior, que divulgam regularmente relatórios de avaliação. Além disso, a Petrobras atua num setor importante da economia e é lucrativa. Nada mais natural, portanto, do que diversificar a carteira do FGTS e usar uma parcela dos recursos para se associar à empresa. Quem fez o investimento não se arrependeu. Observe o gráfico abaixo. E note que nos últimos nove anos ocorreram várias crises no mercado de ações e também no de energia.

Leia mais sobre o investimento do FGTS em ações no Capítulo 12. ✓

Resultados comparativos

Lucros e perdas de recursos do FGTS empregados na Petrobras e de outras aplicações – em %

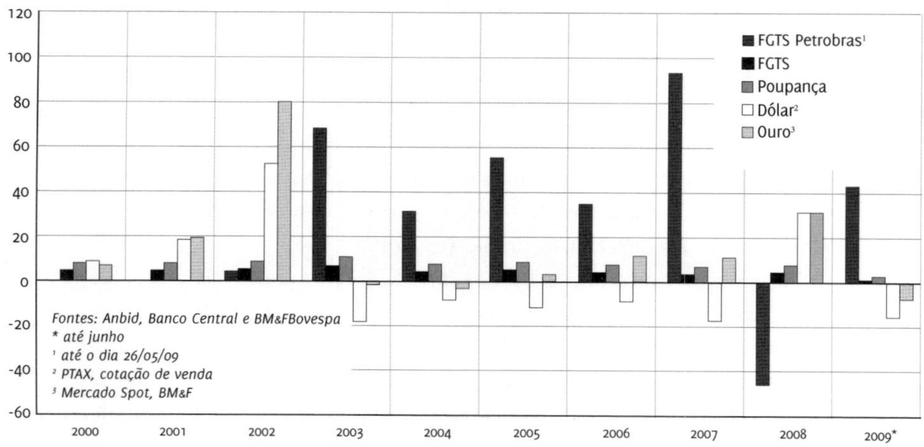

Glossário

III **Wall Street** - nome da rua onde estão localizadas a Bolsa de Valores e a comunidade financeira de Nova York. Tornou-se jargão para mercado de ações americano. Ali, onde papéis de empresas são negociados há mais de 200 anos, hoje são transacionados títulos das maiores e mais importantes companhias do mundo. Daí se dizer que um entendido em Wall Street está capacitado para operar em qualquer mercado – o que, é claro, nem sempre se comprova.

III **renda fixa** - investimento em títulos que dão ao comprador a garantia de receber juros. Podem ser privados, como Certificados de Depósito Bancário, ou públicos, como Letras do Tesouro.

III **Ibovespa** - principal sinalizador do comportamento da BM&F Bovespa, o índice reflete a variação das ações de um grupo selecionado de empresas negociadas no dia e o perfil das negociações à vista nos pregões. É calculado em tempo real e divulgado online.

III **pregão** - local onde se realizam os negócios de compra e venda de ações. Na BM&F Bovespa, resultado da integração entre a Bolsa de Valores de São Paulo e a Bolsa de Mercadorias & Futuros em 2008, há pregões de viva voz e eletrônico – não apenas para compra e venda de ações, mas também para a realização de operações de hedge, arbitragem de preços entre mercados, diversificação de investimentos e alavancagem de posições.

RÁDIO QUE T

2

Quando não investir na Bolsa

Sardenberg – Ontem você enumerou cinco razões para investir na Bolsa. Hoje apresenta cinco razões para não investir na Bolsa. Queremos confundir ou esclarecer?

Mara – Não queremos confundir. Isso é porque estamos apresentando o assunto por partes, para que fique mais claro, conforme sugestão da Janaína Barros.

Sardenberg – Para quem não sabe, Janaína Barros é a nossa produtora, editora do programa. Então vamos lá. Quais são as cinco razões para não investir na Bolsa?

Mara – A campeã e primeira razão: não invista porque seu cunhado ganhou na Bolsa. Tem muita gente que aplica dinheiro em ações porque o vizinho, o parente, o amigo, um conhecido, ganhou na Bolsa. Em época de alta, então, todo mundo diz que aplicou e ganhou. Esta é uma razão para não investir: o falatório dos outros, especialmente se você não souber nada sobre o assunto. O investimento tem de ser uma decisão de sua responsabilidade.

Sardenberg – E a segunda?

Mara – Porque a Bolsa subiu. Muita gente entra no mercado de ações porque a Bolsa subiu. Notícias sobre os ganhos aparecem, principalmente em épocas de euforia, e então as pessoas ficam loucas para investir e ganhar. Mas se você aplicar na Bolsa só porque ela subiu, estará fazendo bobagem. Principalmente porque nessas temporadas os preços das ações são altos. Mas também porque a decisão deve ser menos imediatista e mais bem pensada.

SARDENBERG – Terceiro?

MARA – Porque você quer muito dinheiro rápido.

SARDENBERG – Quer dar uma tacada.

MARA – Isso. Resumiu bem: porque quer dar uma tacada. Não invista se você está pensando que vai ficar milionário com uma só tacada certeira.

SARDENBERG – Quarto?

MARA – Porque você se acha melhor do que o mercado. Em época de euforia, quem entra em chats, fóruns de internet sobre Bolsa, só encontra fera, gente boa. Todo mundo se acha melhor do que o mercado. Mas olha, ser melhor do que o mercado é para poucos. Tanto que os analistas recomendam investir nos fundos indexados, aqueles que seguem o mercado, porque são mais baratos e é difícil encontrar um gestor que consiga superar o índice. Então, se você pensa que é melhor do que o mercado, é recomendável, antes de qualquer atitude, fazer terapia. Depois, com a cabeça fria e no lugar, aí sim, se for o caso, invista na Bolsa.

SARDENBERG – E o último?

MARA – Porque você tem medo. Se você tem medo ou é inseguro, vai acabar fazendo bobagem. A Bolsa tem momentos de baixa, de crise, e não é fácil aguentar o tranco. Se estiver inseguro, prefira ficar tranquilo a correr o risco de sofrer. O sofrimento inevitável já é bastante. Agora, considere que você pode sentir medo do mercado de ações por falta de informação, porque este é um mundo que você não conhece. Nesse caso, informe-se, faça perguntas e busque respostas, observe o funcionamento da Bolsa. Então talvez o medo desapareça.

SARDENBERG – Como é que é? Medo por não conhecer?

MARA – É isso mesmo. Muita gente tem medo da Bolsa porque não sabe como ela funciona. Não conhece o risco. É aquela velha história: a pessoa tem medo da Bolsa, mas não tem medo de investir na pizzaria do cunhado, o que é muito mais arriscado. Conhecer o mercado de ações pode ser o caminho para desmistificar esse universo e eliminar o medo do risco que ele representa.

Sardenberg – De onde vem essa sua bronca com cunhados, Mara? Tem cunhado que é legal, não tem?

Mara – Tem, é claro. Meu cunhado é legal. Esse é um exemplo que o Luís Eduardo de Assis, do HSBC, sempre usa. Eu acabei adotando porque acho bem didático. Existe muita gente que recebe dinheiro de indenização, ou de Programa de Demissão Voluntária, e logo planeja montar um negócio com o amigo, com o cunhado. Mas tem medo de investir em empresas como a Vale, a Petrobras e tantas outras. Essas pessoas deveriam, antes, descobrir o que é investimento em Bolsa – e não estou falando em procurar dicas com amigos, mas em pesquisar mesmo, se informar. Assim talvez percebam que, se aplicarem uma parcela das suas economias na Bolsa, seus investimentos serão mais diversificados e os riscos de perdas serão menores.

Só para você, leitor

Nunca subestime o poder de influência de seu cunhado, irmão, vizinho, amigo, parente. Discursos vitoriosos sobre ganhos na Bolsa, nem sempre verdadeiros, podem ter grande poder de persuasão e induzi-lo a entrar no mercado. O pior é que provavelmente isso vai acontecer na hora errada, quando as ações estiverem muito caras.

Mesmo pessoas bem informadas sobre finanças podem ser empurradas para a Bolsa apenas porque "todos estão ganhando dinheiro". Em 2008, um dos principais jornais de economia do mundo, o americano ***The Wall Street Journal***, publicou uma reportagem em que Harrison Hong, economista da Universidade Princeton, nos Estados Unidos, contou como perdeu dinheiro aplicando em ações de empresas de tecnologia, quando houve a bolha da internet.

Harrison Hong lembrou seu raciocínio na época: "Minha irmã está ficando rica. Meus amigos estão ficando ricos. (...) Acho tudo isso uma loucura, mas me sinto mal por estar perdendo essa onda, como se estivesse do lado de fora de uma grande festa." Em 2000, "finalmente dei o braço a torcer", disse ele. "Investi algum dinheiro só para me garantir em relação a outras pessoas que estavam ficando mais ricas e se sentindo melhores do que eu". Aquele foi o ano em que a bolha estourou. E veja, desde aquela época Hong participa de um grupo de pesquisadores que estuda as bolhas especulativas em Princeton.

Na mesma reportagem, o depoimento de outro economista que trabalha no grupo de Hong, Markus Brunnermeier, faz contraponto ao do colega. "Eu sempre tive certeza de que havia uma bolha de internet e não investi em ações de empresas de tecnologia. Meu cunhado investiu. E minha esposa sempre reclamou que, enquanto eu estudava finanças, seu irmão estava ficando rico."

Provavelmente você está lendo este livro, interessado em comprar ações, porque a Bolsa está em alta ou porque o juro está baixo. Enquanto o Brasil praticava **taxa de juro real** de dois dígitos não havia motivos para recorrer ao mercado de ações. As aplicações em renda fixa davam retornos atraentes, em alguns momentos de mais de 2%. Então por que correr risco?

O mercado de juro concorre fortemente com a Bolsa. Porque sim, não tenha dúvidas: o mercado de ações é de risco. Aliás, de altíssimo risco, especialmente para os desavisados que se aventuram a dar uma tacada ou apostar suas fichas numa dica qualquer. Portanto, se as taxas estão altas, são poucos os que se dispõem a investir em ações. É muito mais confortável ter rendimento garantido em investimentos mais seguros, como a renda fixa.

Mas a variação do juro tem sido grande no Brasil, nos últimos anos, como mostram os gráficos a seguir.

Pontos de referência

Oscilação da taxa básica de juro[1] em 15 anos – em % ao mês

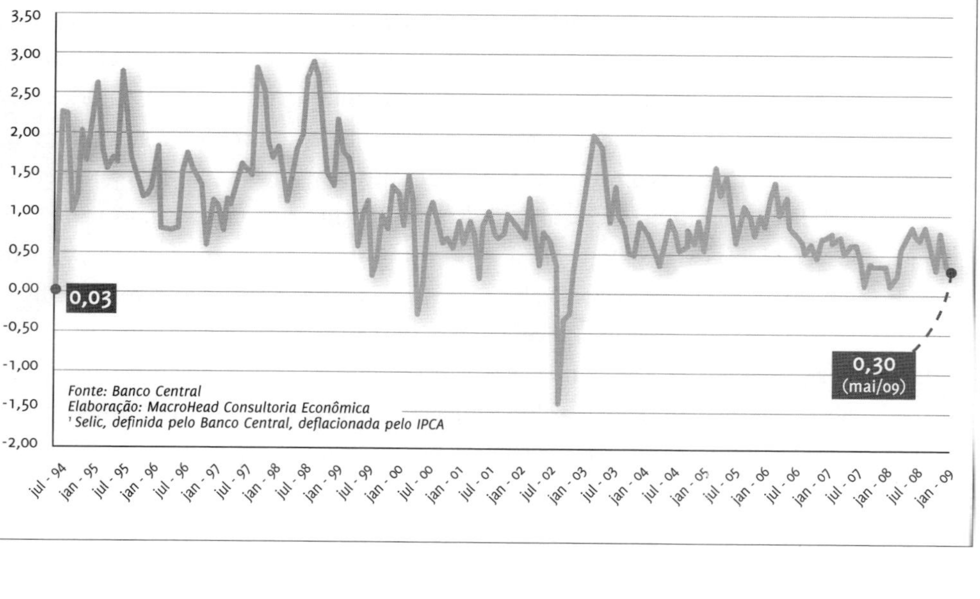

Fonte: Banco Central
Elaboração: MacroHead Consultoria Econômica
[1] Selic, definida pelo Banco Central, deflacionada pelo IPCA

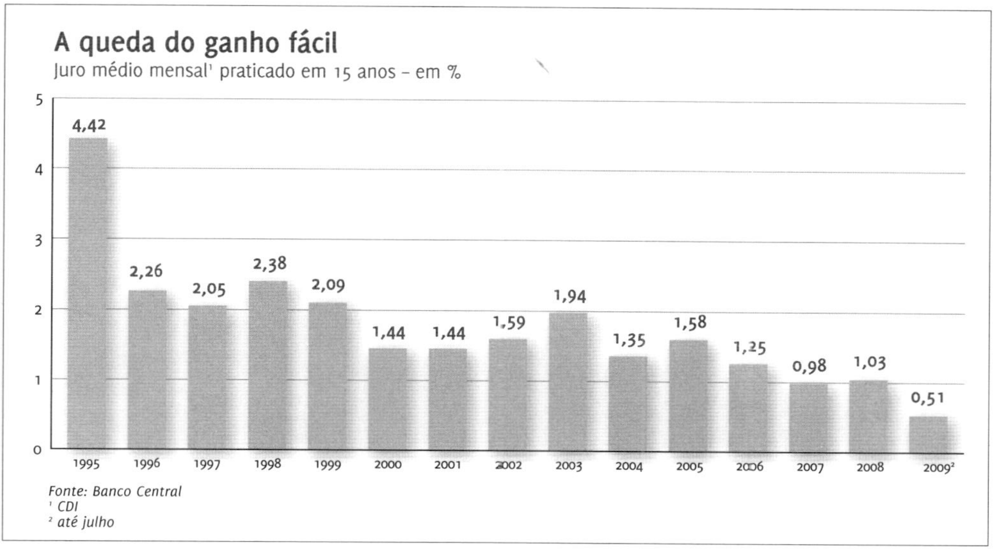

Agora, se você tem dinheiro aplicado em vários investimentos, tem sobra de capital, e pode aplicar esse excedente por muito tempo, sem necessidade de saques frequentes, o risco e o estresse da Bolsa diminuem muito. Muitíssimo. Em meio a uma crise, as quedas podem ser grandes. Mas se você investe em empresas fortes, e tem perseverança e sangue-frio para esperar que a crise vá embora, acaba por perceber que a economia volta à normalidade, as empresas retomam suas atividades e seu crescimento, e o valor das ações tende a subir novamente. Os dois gráficos da página seguinte mostram como o estresse financeiro de curto prazo, que algumas vezes atinge a Bolsa, se dilui quando observado num prazo mais longo.

A tensão no curto prazo

Fechamento do Ibovespa na crise de 2001 – em pontos

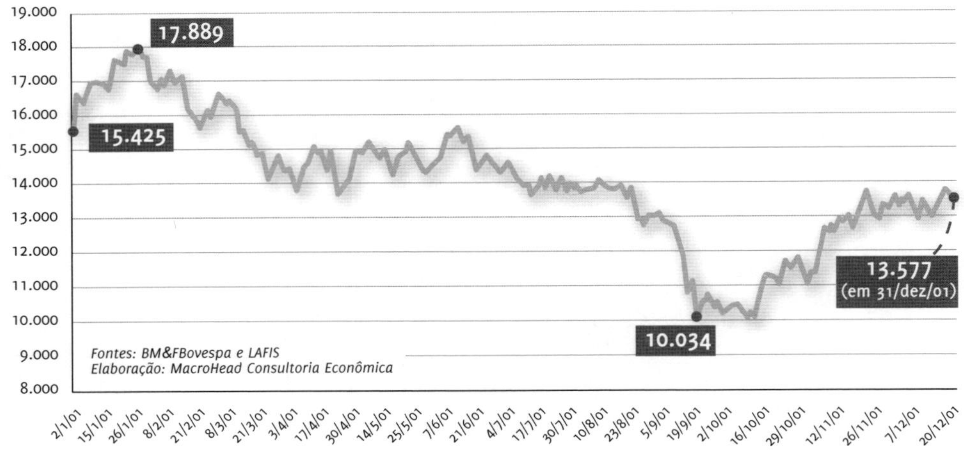

Tendência positiva no longo prazo

Variação do Ibovespa[1] – em oito anos, em pontos

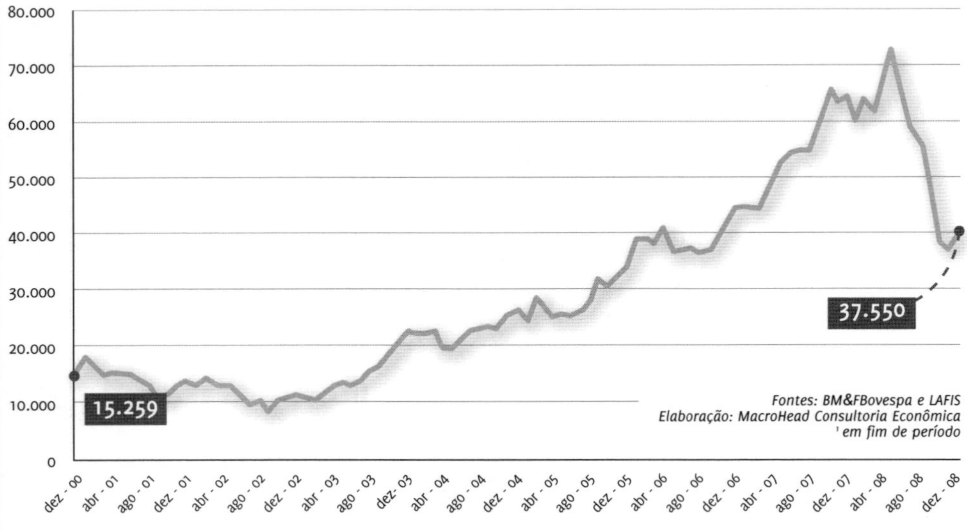

Ele pôs em risco o dinheiro da vovó

No auge do período de alta da Bolsa no Brasil, em 2007, um jovem ouvinte escreveu contando o sucesso de sua carteira de ações. E mais: que para investir na Bolsa ele se valia do dinheiro da avó! A boa senhora, que tinha sua poupança na caderneta, sacou tudo e emprestou ao neto para que ele fizesse seus investimentos. O jovem estava feliz porque conseguia, na Bolsa, retorno muito maior do que o da poupança. Assim, devolvia o dinheiro para a avó acrescido dos modestos ganhos da caderneta. Com o que sobrava, comprava um presente para a generosa senhora e ainda embolsava um bom lucro.

Na linguagem do mercado, este ouvinte se alavancou, ou seja, tomou dinheiro emprestado. Se tivesse feito a operação com bancos já seria perigoso, pois sempre poderia ocorrer uma baixa no mercado que dificultasse ou impedisse o pagamento do empréstimo.

No caso, a situação é muito pior. Ele fez a operação com o dinheiro da avó aposentada, que conta com esses recursos para viver. Não sabemos o que aconteceu com ele e com a avó depois que veio a baixa. Ele não voltou a escrever. Mas uma lição resulta dessa história: em dinheiro de pais e avós não se mexe.

Períodos de alta na Bolsa são momentos em que todos se sentem verdadeiros gênios. Esquecem que a maior parte do sucesso deve ser creditada ao mercado em alta. A distância que separa o excesso de confiança do prejuízo é de um passo. Basta vir a baixa e os magos saem chamuscados.

Está certo que manter a racionalidade no sobe-e-desce do mercado de ações é difícil. Mas é fundamental para o sucesso de sua estratégia de investimento. A receita é a seguinte: não se deixe contaminar pelo pânico ou pela euforia. ✓

Glossário

taxa de juro real - taxa de juro descontado o índice de inflação registrado no período. Quando a inflação é muito elevada, a taxa de juro real pode ser negativa. Entretanto, o que aconteceu no Brasil foi que, para conter a hiperinflação, o governo elevou os juros – e como a estratégia teve sucesso, durante algum tempo o juro real pago aos investidores em títulos de renda fixa foi bastante elevado.

alavancar - é um termo que se aplica em várias situações. Sempre que uma empresa ou um investidor assumir posição maior do que permitem seus próprios recursos estará, de alguma forma, alavancado. Na prática o termo significa tomar empréstimo para investir.

CRONOGRAMA

3

O que é e para que serve a Carteira CBN?

SARDENBERG – Ontem ficamos devendo a Carteira CBN.

MARA – Carteira CBN de abril.

SARDENBERG – Em abril todo mundo ganhou dinheiro.

MARA – Nós também ganhamos. Foram 12,75%. Mas a valorização do Ibovespa foi maior, de 15,55%. No ano, a alta da Carteira CBN ficou em 25,15% e a do Ibovespa chegou a 34,94%.

SARDENBERG – Isso não está bom, não é?

MARA – Bem, não podemos dizer que está ótimo, mas também é exagero dizer que não está bom. É preciso entender o que aconteceu e o que se espera para o futuro. Então vamos lá. Em abril a única queda da Carteira CBN foi a Redecard: teve perda de 1,78%. As maiores altas no mês foram Weg ON com 20,12%, CCR Rodovias com 28,06%, e Bradesco PN com 17,34%. No ano não houve queda. As maiores altas foram registradas por Petrobras, com 41,99%; Vale, com 40%; e Bradesco PN, com 29,21%. O que é interessante notar? Primeiro, os resultados das empresas que fazem parte da Carteira CBN. A Weg apresentou resultado inferior ao que o mercado esperava, mas mesmo assim está com recomendação de compra e preço alvo de 16 reais e 25 centavos. A Redecard teve bom resultado, em linha com as estimativas, e um relatório da Fator Corretora recomenda a manutenção do papel, que em maio acumula alta de 6,92%, reflexo de melhora na empresa.

SARDENBERG – Agora precisamos explicar o que é Carteira CBN, ou vão pensar que estamos fazendo um fundo de investimentos.

MARA – É, vão pensar que estamos recomendando papéis.

SARDENBERG – Aliás, se fosse isso estaríamos mal.

MARA – O que mostra que nosso talento não é para gestão de investimentos.

SARDENBERG – Então, Carteira CBN é uma carteira virtual, um grupo de dez ações montado a partir de indicações de especialistas do setor.

MARA – Isso. A cada ano, dez corretoras indicam cinco papéis cada uma e, a partir daí, nós montamos a Carteira CBN. E veja como é difícil bater o mercado. Utilizamos indicações de dez corretoras reconhecidas, com times de analistas experientes, e selecionamos as cinco principais recomendações de cada uma delas. Ainda assim, a Carteira CBN está perdendo do Ibovespa. Poucos gestores conseguem se sair melhor do que o mercado.

SARDENBERG – Bater o mercado é conseguir resultado melhor do que os índices de mercado, o Ibovespa por exemplo.

MARA – Pois é. E tem muito gestor que cobra taxa elevada de administração justamente com o argumento de que tem a habilidade de bater o mercado. Existem estudos e questionamentos sobre isso, mas muita gente acaba pagando para ver, porque é sabido que obter resultado melhor do que o mercado não é fácil. Neste ponto vale a pena observar outro fato curioso: no blog da Carteira CBN as corretoras apresentam opiniões e recomendações muito diferentes umas das outras.

Só para você, leitor

Utilize a Carteira CBN para sua informação, e não como recomendação de compra.

Nunca é demais lembrar: só podem indicar investimentos os analistas credenciados pela Comissão de Valores Mobiliários (CVM). O trabalho dos jornalistas não é esse – é informar.

A Carteira CBN foi criada em dezembro de 2004 como resposta aos ouvintes que pediam recomendações de ações. Optamos por fazer um levantamento junto a corretoras de valores, elas sim competentes e autorizadas a emitir opinião sobre as empresas de capital aberto e as ações negociadas em Bolsa.

Até 2007, consultávamos cinco corretoras e cada uma indicava dois papéis que formavam a Carteira CBN. Nesse ano decidimos ouvir um número maior de analistas e ampliar o número de ações indicadas por eles, com o objetivo de refletir melhor o sentimento do mercado.

Então, a cada mês de dezembro montamos a Carteira consultando dez corretoras, e pedindo a cada uma a indicação de cinco papéis que acreditam ser boas opções para manter por todo o ano. Recebidas as indicações, selecionamos as dez ações mais recomendadas, que formarão a Carteira CBN do ano seguinte. É preciso que uma ação tenha recebido ao menos duas recomendações de corretoras diferentes para estar na Carteira CBN. Esta é a norma.

Em dezembro de 2008, no entanto, apenas nove papéis estiveram nas recomendações de mais de uma corretora. Esta é a razão pela qual, em 2009, a Carteira CBN não teve dez papéis, mas nove.

Blog

No Blog da Carteira CBN você encontra a íntegra das carteiras recomendadas por cada uma das corretoras com o nome do analista responsável pelas indicações. Há duas formas de acessar o blog na internet. Uma é entrar na página da rádio CBN (**www.cbn.com.br**), buscar na relação de comentaristas o nome Mara Luquet e clicar sobre ele. Na página Mara Luquet você encontrará o caminho para a Carteira CBN. A outra maneira é ir diretamente ao endereço **http://colunas.cbn.globoradio.globo.com/carteiracbn**.

O blog traz todas as ações que compõem a Carteira com as cotações diárias. Também mostra sua valorização em relação ao Ibovespa. A distribuição do investimento pelas ações é feita em partes iguais. Por exemplo, um investimento de 100 reais significaria uma aplicação de 10 reais em cada um dos dez papéis. Simples assim.

Ali também são anexados alguns relatórios de analistas sobre as empresas que constam da Carteira CBN. Dessa forma, é possível conhecer e avaliar o que eles dizem sobre as companhias cujos papéis compõem a Carteira.

Entretanto, fique atento: a Carteira CBN é virtual. Não existe de verdade. Não há um gestor responsável por administrá-la. A experiência é uma oportunidade para você simular um investimento e a rotina que teria como investidor. Pode ser utilizada como ferramenta para que você comece a acompanhar o mercado. Se tomar gosto pela coisa, quem sabe você se anime a partir para o mundo real.

O gráfico a seguir compara os resultados do Ibovespa e da Carteira CBN desde sua criação

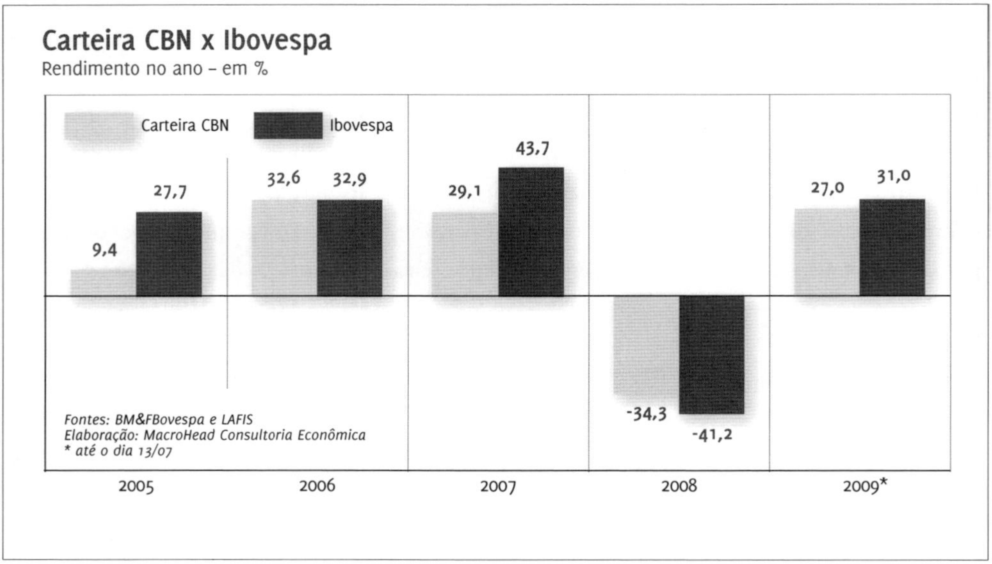

Mais uma alternativa para simular investimentos em ações

Outra forma de se preparar para ser investidor é participar do simulado da BM&F Bovespa. Ao se inscrever, cada participante recebe um capital fictício de 200 mil reais e lotes de ações de características idênticas, e em quantidade pré-fixada, das 15 ações mais líquidas que compõem o IBrX – índice de preços que mede o retorno de uma carteira de 100 ações selecionadas entre as mais negociadas, em termos de número de transações e de volume financeiro.

Aí começa o jogo de simulação. Cada um avalia as empresas listadas, monta sua carteira, compra e vende ações, com o objetivo de alcançar a melhor rentabilidade num período determinado. Ao final, a BM&F Bovespa oferece um prêmio às carteiras mais rentáveis, mas para você que está iniciando, o grande negócio é se familiarizar com o vai-e-vem diário das ações, e verificar se está preparado para suportar as oscilações.

Histórias de ouvintes

Nada de investir às cegas

Muitos ouvintes escrevem querendo iniciar seu investimento em ações sem qualquer experiência ou informação sobre o mercado, seu funcionamento e seus riscos. Assim não é possível. Para ser bem sucedido você precisa desmistificar o mercado, saber o que é a Bolsa, como ela funciona, o que as ações representam, enfim, conhecer todos os atores e o papel de cada um nesse cenário. O próximo Capítulo tratará desses e de outros detalhes.

Também há inúmeras pessoas que querem investir na Bolsa apenas porque ouviram falar que o mercado está em alta ou que alguém ganhou muito dinheiro ao apostar em determinada ação. Errado. Investidor não faz apostas: investe, enxerga a Bolsa como uma forma de comprar ações de negócios que considera lucrativos. Quem aposta é jogador e para este a Bolsa não passa de um cassino.

Se você não tem tempo para acompanhar o dia-a-dia das empresas e do mercado, e deseja investir em ações, depois de conhecer o assunto e se preparar poderá recorrer a gestores profissionais de fundos de investimento (veja mais sobre fundos de investimento nos capítulos 6, 7 e 17). ✓

Glossário

- **Comissão de Valores Mobiliários** - é o órgão regulador do mercado de ações. Trata-se de uma autarquia que tem a incumbência de disciplinar, fiscalizar e desenvolver o mercado de ações.
- **corretoras de valores** - são o elo entre você e o mercado. Veja detalhes no próximo Capítulo.

CBN
A RÁDIO QUE TOCA NOTÍCIA.
LG
LG

4

A Bolsa, os corretores e você

Sardenberg – Quem quer investir em ações precisa de um corretor, certo?

Mara – Sempre. E alguns podem ir além: dar conselhos, fornecer relatórios de empresas...

Sardenberg – Então são duas coisas. Uma é a burocracia que te obriga a passar pela corretora de qualquer jeito. Outra é que você pode usar o corretor como um conselheiro.

Mara – Muitos ouvintes escrevem perguntando como escolher um corretor – o que é uma questão importante. Até porque a CVM já registrou casos de pessoas que se apresentavam como corretores mas na verdade não estavam autorizados a prestar esse serviço.

Sardenberg – Como assim?

Mara – Um exemplo pode ser útil para mostrar como as coisas acontecem – e as razões pelas quais não existe espaço para ingenuidade nesse campo. Uma vez a CVM descobriu uma pessoa que se apresentava como corretor, tinha cartão de visitas com seu nome, logotipo e telefone da corretora, que de fato existia. Ligava para o telefone que constava no cartão e era atendido por uma telefonista que confirmava – o número era da corretora e o profissional trabalhava ali. Tudo mentira. O número era de outro lugar. Quem atendia participava da fraude e a pessoa que fornecera o cartão, evidentemente, não trabalhava na corretora que, aliás, não tinha ideia de que seu nome estava sendo usado indevidamente. Então, como se vê, é preciso ter muito cuidado na seleção do profissional que cuidará de suas aplicações na Bolsa.

SARDENBERG – Como se proteger num caso como este?

MARA – As informações devem ser buscadas no local correto. Quem tem esses dados? Onde buscar informações sobre corretores? A resposta para estas duas questões é a mesma: CVM, a Comissão de Valores Mobiliários. É preciso ir até lá para saber se um corretor está autorizado a operar. Depois, como os dados do corretor estão todos no cadastro da CVM, e são confiáveis, para fazer contatos necessários é recomendável sempre utilizar o telefone que consta ali – e não o de um cartão de visitas, por exemplo. O caminho é sempre a CVM. Quem investe em ações tem de conhecer a Comissão de Valores Mobiliários. Isso não é assim tão complicado. Na internet, além do site **www.cvm.gov.br**, a Comissão mantém um portal dedicado a investidores, com dados e informações úteis para os que estão começando a operar com ações – o endereço é **www.portaldoinvestidor.gov.br.**

SARDENBERG – Então o site é um caminho?

MARA – Ah, claro! Ali existem muitas coisas interessantes! Na página da CVM, por exemplo, você pode descobrir se há processos contra a corretora que lhe interessa acionando um mecanismo de consulta. Quer dizer, se você aproveitar as facilidades oferecidas no site terá melhores condições de escolher um corretor em que possa confiar. Isso é importante porque, como já sabemos, você precisa de um corretor de valores para fazer suas operações na Bolsa. Quem é esse corretor? É quem faz a ligação entre você e o mercado. É quem repassa suas ordens de compra e venda de ações. Agora, você pode querer mais. Pode querer um corretor que lhe ajude na escolha das ações a comprar ou vender. Existem corretoras com analistas qualificados que, além de fornecerem relatórios sobre o mercado, e as empresas cujas ações são negociadas, esclarecem suas dúvidas e explicam mecanismos e detalhes sobre os quais talvez você sequer tenha pensado. Então, antes de escutar um corretor, é importante saber se ele está credenciado, se entende do que está falando – ou você poderá ser mal aconselhado. Mais uma informação que vale a pena levar em conta: o corretor ganha dinheiro toda vez que você compra ou vende uma ação. Não ganha apenas quando você ganha, mas é remunerado pela taxa de corretagem que você paga toda vez que compra ou vende uma ação. Ou seja: o ganho do corretor não depende do sucesso de suas operações. Depende, sim, do maior movimento em sua carteira.

Sardenberg – O que quer dizer isso exatamente?

Mara – Quer dizer que para o corretor é sempre melhor que você compre e venda o tempo todo, pois quanto maior o giro de sua carteira mais ele ganha. Tem gente que gosta de operar ações, mas outros investem no longo prazo, para a aposentadoria, pensando em viver de dividendos... Então, tenha em mente que é você quem define sua estratégia. Como parceiro, por assim dizer, o corretor pode lhe ajudar a tomar decisões bem fundamentadas. A partir daí, você está sozinho. Se sua estratégia for de aplicação no longo prazo, estará na contramão do interesse do corretor. Warren Buffet, mago do mercado, tem frases ótimas sobre corretores.

Sardenberg – Uma das tiradas de Buffet: "Consultar um corretor para saber se precisa comprar ação é a mesma coisa que perguntar ao padeiro se você precisa comprar pão" – a resposta é óbvia, pois ambos têm interesse em vender. Alan Greenspan, ex-presidente do FED, o Banco central dos Estados Unidos, costuma contar uma história ótima. Quando foi conselheiro de um banco que ganhava muito dinheiro com operação de câmbio ele perguntou: "Como é que vocês conseguem ganhar se a coisa mais difícil do mundo é fazer previsão de taxa de câmbio?". A resposta foi mais ou menos assim: "Ué, a gente não faz previsão. Cobra taxa na compra e na venda e ganha, não importa o que aconteça". Mais uma, para encerrar. Você sabe a definição de Woody Allen, o ator, diretor e escritor do cinema e do teatro norte-americanos, conhecido por seu humor peculiar, para corretor de ações?

Mara – Não. Uma vez você me disse, mas não lembro.

Sardenberg – É boa essa. Você pergunta: o que é um corretor de ações? Ele responde: você tem algum dinheiro, manda para essa pessoa, o corretor, que vai aplicando em ações. Quando o dinheiro acaba ele lhe telefona e você manda mais para que ele continue aplicando em ações, até que tudo acabe novamente.

Mara – Muito boa! Mas enfim, há bons corretores, e nem sempre eles fazem seu dinheiro escorrer pelo ralo. Sabendo que precisa de um profissional para operar na Bolsa, e que será melhor se ele for competente, é importante buscar informações antes de começar a fazer negócios.

Sardenberg – Certo, não vamos falar tão mal dos corretores. Como em tudo na vida, afinal, a questão é saber escolher.

Só para você, leitor

A Bolsa de Valores é o mercado organizado onde são negociadas as ações. Antes de abrir seu capital, ou seja, vender ações em mercado, a Bovespa era uma associação civil sem fins lucrativos e pertencia aos corretores de valores.

Com a abertura de capital, o controle da Bovespa passou a ser pulverizado. Tem milhares de acionistas. Suas decisões são tomadas por um conselho de administração formado por nove executivos. Além disso, a Bolsa pode dar lucro.

Em 2008, a Bovespa e a BM&F fundiram-se, criando uma das maiores bolsas do mundo. Batizada como BM&F Bovespa, ela é muito mais do que um espaço de negociação de ações: lista fundos e contratos derivativos, entre outras coisas.

No site da BM&F Bovespa, **www.bovespa.com.br**, você também encontra informações sobre corretores e os nomes de todas as corretoras autorizadas a operar no mercado acionário.

Os custos

O investimento em Bolsa tem custos. Como você contrata um profissional para intermediar suas operações diretas de compra e venda de ações, evidentemente ele é remunerado. Essa remuneração é uma taxa de corretagem cobrada sempre que você faz uma operação de compra ou de venda. Para evitar surpresas neste ponto, é bom verificar não apenas o valor da taxa, mas também se ela é fixa ou variável – o que é definido por cada corretora.

Há também uma taxa paga para cobrir os custos com custódia, compensação e liquidação das operações realizadas em Bolsa. A política de taxas cobradas aos investidores é estabelecida pelo Agente de Custódia, que também realiza a cobrança diretamente aos seus clientes investidores. Trata-se, portanto, de uma relação comercial entre você e seu agente. O pagamento desta taxa traz algumas vantagens. A manutenção de um título em custódia evita o trabalho de ir ao departamento de acionistas para receber dividendos, bonificações etc.

Para saber mais sobre o tema, leia o Capítulo 17: "Quanto custa seu investimento?"

Riscos e lucros

Um ouvinte escreveu, contando que comprara ações da BM&F Bovespa logo após a abertura de capital, e que amargava uma perda espetacular no segundo semestre de 2008. Ele perguntava: "A Bolsa pode quebrar?".

Sim, como qualquer empresa a Bolsa pode quebrar. Mas para isso acontecer o mercado de ações tem que quebrar primeiro, porque a Bolsa vive desses negócios.

Em junho de 2009, quando as ações da BM&F Bovespa acumulavam alta de mais de 76%, a corretora Ágora divulgou um relatório com o título 'O risco Brasil na sua essência'. Mais do que uma análise da empresa Bolsa e do potencial de alta de suas ações, o relatório faz uma análise de perspectiva do mercado de ações – daí o título apontar para o risco Brasil. A leitura é interessante. Por quê? Porque a principal receita desta empresa que é a BM&F Bovespa é o giro financeiro. Dois terços de sua receita vêm da taxa, conhecida como **emolumento**, proveniente da compra e venda de ações. E um mercado em alta projeta um giro financeiro também em alta. Portanto, se os analistas estão otimistas com a empresa Bolsa, também estão otimistas com o mercado de ações brasileiro de uma forma geral.

Outro aspecto importante é que em qualquer lugar do mundo as ações de Bolsa tendem a ter volatilidade (oscilação) maior do que o mercado. Ou seja, aplicar em ações da Bolsa representa risco maior, já que num movimento de queda elas sofrem mais – mas, por outro lado, se traduz em potencial de lucro também maior em fases de alta. Veja no gráfico da página seguinte como a variação do valor das ações é maior do que a do giro financeiro da Bolsa – e raramente o acompanha. ✓

A roda da fortuna

O giro financeiro da BM&FBovespa e a variação do Ibovespa

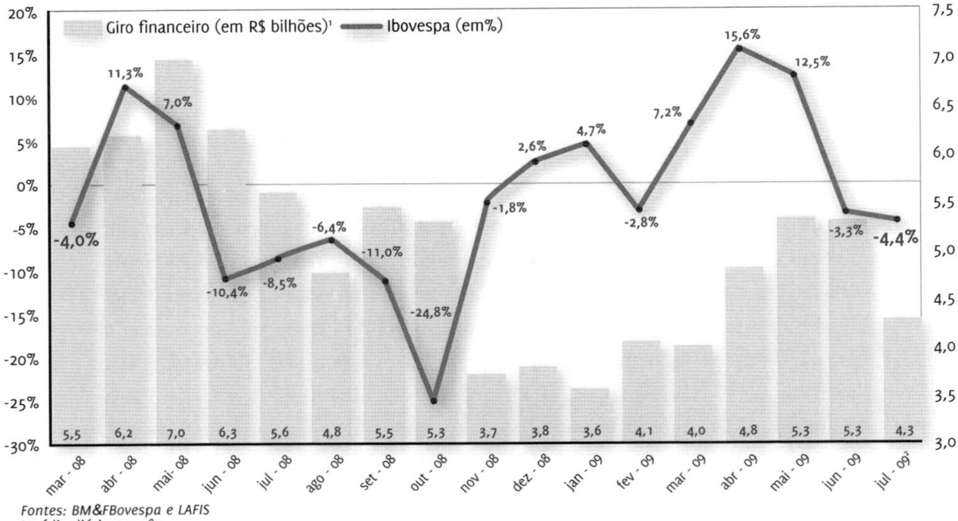

Fontes: BM&FBovespa e LAFIS
[1] *média diária no mês*
[2] *até dia 08/07*

Glossário

BM&F – Bolsa de Mercadorias & Futuros, foi criada oficialmente em 1985 como associação sem fins lucrativos para desenvolver, organizar e operacionalizar a negociação – à vista e para liquidação futura – de títulos e contratos que tinham por referência ativos financeiros, índices, indicadores, taxas, mercadorias e moedas. Estava para o mercado de futuros, opções e outros derivativos; assim como a Bovespa para o mercado de ações. Hoje BM&F e Bovespa são uma única empresa.

fundos – veículos de investimento em que a carteira é gerida por um profissional. A BM&F Bovespa negocia cotas de fundos fechados, aqueles que não admitem resgate até o término do seu prazo de duração ou sua liquidação. Um exemplo de fundo fechado é o PIBB (leia mais no Capítulo 17). O investidor interessado neste tipo de aplicação deve comprar cotas negociadas na Bolsa.

derivativos – operações financeiras que derivam, daí o nome, de ativos-objetos (como ações, taxas de juro e dólar). Essas operações têm a função de assumir, limitar ou transferir riscos.

Agente de Custódia – instituições financeiras (corretoras, distribuidoras de valores e bancos) responsáveis pela abertura, administração e movimentação das contas de custódia de investidores, seus clientes, perante a Companhia Brasileira de Liquidação e Custódia (CLBC).

emolumento – taxa operacional definida por um percentual calculado sobre o volume negociado – de compra e venda – e cobrado pela Bolsa aos investidores.

5

Estudo ou castigo?

SARDENBERG – Antes de começar, precisamos perguntar a Janaína Barros, nossa produtora: quanto tempo a Mara tem hoje? Porque os ouvintes andam dizendo que Janaína corta as falas da Mara. Olha que intriga! Ela não tem culpa! De todo modo, no tempo que temos vamos falar sobre o que, Mara?

MARA – Na Faculdade de Tecnologia de Santa Catarina, o professor Julio Cesar Lopes de Souza está desenvolvendo um trabalho com nossos boletins: sua turma tem por tarefa ouvir nossos boletins.

SARDENBERG – Eles são obrigados a ouvir nossos boletins? O que fizeram para merecer isso?

MARA – Eles cursam Produção Industrial, mas estão fazendo uma matéria de mercado financeiro. Então mandam perguntas para discussão. Vou tentar responder algumas.

SARDENBERG – Fala antes que o tempo acabe.

MARA – A primeira quer saber o seguinte: se ela mantiver o capital na poupança, corre o risco de uma desvalorização súbita? Bem, a poupança é conservadora, mas tem risco como toda aplicação. No caso, o grande risco, no longo prazo, é o rendimento da poupança perder da inflação.

SARDENBERG – Você está falando na inflação subir ou no juro subir?

MARA – Principalmente a inflação, que corrói o patrimônio. No passado vivemos momentos em que o rendimento da poupança não foi suficiente para cobrir as perdas provocadas pela inflação. Aqui é importante falar de dois conceitos. O primeiro é o ganho real, ou seja, o retorno que se consegue acima da inflação. Porque de nada adianta ficar juntando dinheiro se a inflação morde tudo ao longo do tempo. O esforço é perdido porque nosso poder de compra não cresce, e pode até cair. O segundo conceito é o da diversificação, que é a melhor proteção contra o risco. Vários estudos mostram que mais de 90% do sucesso de uma carteira vêm do *asset allocation*, ou seja, da distribuição das aplicações em diversas cestas.

SARDENBERG – Outra pergunta.

MARA – Um estudante quer entender por que a produção industrial no mundo afeta nosso mercado. Esta pergunta é importante. Chama a atenção para três pontos. O primeiro é a relação da Bolsa com a economia real. A Bolsa é onde se negociam ações que refletem os fundamentos das empresas. Tem especulador na Bolsa? Tem. Mas também tem muito investidor que se associa à empresa e espera que ela cresça.

SARDENBERG – O maior ganhador em Bolsa é o investidor. É o Warren Buffet que compra ações de empresas que considera promissoras sem dar ouvidos às especulações em torno delas.

MARA – Exatamente. Tanto que ele não entrou na bolha das pontocom, empresas de tecnologia ligadas à internet, porque dizia que nunca se associaria a negócios que não compreendia. Outro ponto: a produção industrial é um indicador de como vai a indústria, setor de peso na economia. Todos os meses o IBGE, Instituto Brasileiro de Geografia e Estatística, calcula esse índice no Brasil, um termômetro que influencia o comportamento daqueles que negociam na Bolsa. Por exemplo, se a produção automobilística cai, as montadoras compram menos das siderúrgicas, dos fabricantes de autopeças, estes fazem encomendas menores aos seus fornecedores, e toda uma cadeia econômica é afetada. O terceiro ponto é a globalização. Os países hoje estão interligados como uma cadeia produtiva. Se a China reduz suas encomendas de produtos agrícolas brasileiros, provavelmente os agricultores compram menos fertilizantes e máquinas e, como num castelo de cartas, muita gente de diversas áreas do mundo, em diferentes setores de atuação, sofre o impacto do movimento iniciado na China. (No final deste Capítulo há uma tabela com o significado dos indicadores econômicos e as razões pelas as quais devemos estar atentos a eles.)

SARDENBERG – Acho que estamos bem. As outras questões ficam para depois.

MARA – Mas tenho uma pergunta muito boa que gostaria de responder agora. É de um rapaz que diz assim: “Tenho lido que a Bolsa teve alta e depois teve queda, quero saber, afinal de contas, se o mercado está em alta, em baixa ou estabilizado”. Acho bom primeiro esclarecer os jargões utilizados pelos analistas: mercado em baixa é chamado de **bear market** e representado pela figura do urso; já o mercado em alta leva a imagem de um touro e é denominado **bull market**. São termos que indicam tendências (leia mais no Capítulo 8). Nosso mercado está em baixa? Sim, porque as incertezas são muitas e a economia está patinando, o que aponta para a queda do desempenho das empresas e, portanto, do valor de suas ações. Porém, isso não quer dizer que não possam ocorrer momentos de alta, em que os indicadores animem os investidores, haja maior procura por papéis e consequente alta nos preços. Da mesma forma, num mercado em alta há momentos de baixa. É nesses intervalos que os que querem sair aproveitam a alta para vender suas ações, e os que querem entrar se valem da baixa para comprar papéis a bom preço.

SARDENBERG – Para alguns, o mercado permanece em baixa até que volte ao pico anterior, o que seriam 72 mil pontos no Brasil, uma recuperação que ainda demora.

MARA – Vai demorar um pouquinho, mesmo. Mas tivemos tempo para responder tudo o que estava programado.

SARDENBERG – Foi moleza!

Só para você, leitor

Ganho real. Está aí um bom motivo para investir em ações. Isso porque historicamente as ações tendem a bater a renda fixa – e a aplicação de recursos em papéis aumenta suas chances de rendimento maior do que a inflação.

A inflação destrói o poder de compra de suas economias. Se sua aplicação não lhe garantir ganho real, o dinheiro que você guardou com tanta disciplina pode comprar menos produtos e serviços no futuro do que comprava quando você o reservou. Daí a importância de investi-lo ao longo do tempo e não deixá-lo em algum cofre ou gaveta. Porém, tão importante quanto investir é estar atento às taxas de retorno. Se elas empatarem com a inflação, você apenas terá protegido suas economias da corrosão do poder de compra. É melhor obter, sempre, rendimento maior – assim, no futuro, você estará ao menos um pouco mais rico.

As variáveis que interferem nos seus ganhos

Para que suas aplicações cresçam e você enriqueça, ou seja, aumente suas economias, é preciso que seus investimentos tenham ganhos reais. Ganho real é o retorno de sua aplicação, descontada a variação da inflação no mesmo período. Se não houver ganho sobre a inflação, você não saiu do lugar.

Vantagens reais e aparentes

Rendimentos de algumas aplicações em relação à inflação, conforme o tempo do investimento[1]

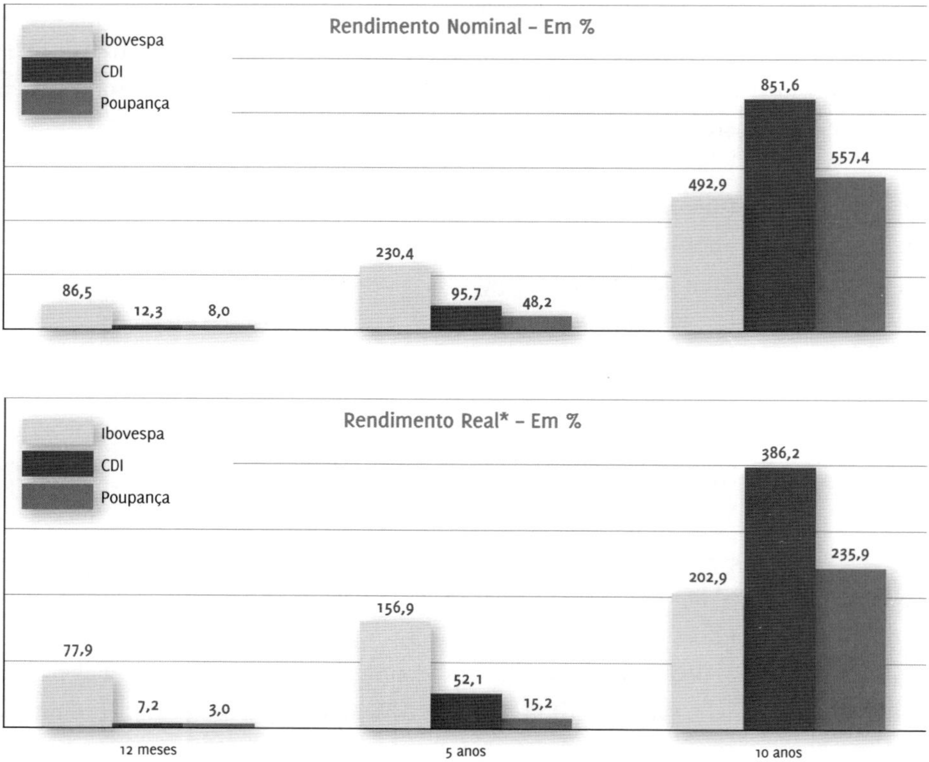

Fontes: BM&FBovespa, Banco Central e LAFIS
[1] *até junho/09*
* *deflacionado pelo IPCA*

Warren Buffett é um dos homens mais ricos do mundo, controlador da Berkshire Hathaway, empresa com participação em diversas companhias. Ele e Bill Gates (o controlador da Microsoft, eleito pela revista ***Time*** como uma das 100 pessoas mais importantes do século 20) se revezam no primeiro lugar do ranking das maiores fortunas publicado anualmente pela revista americana ***Forbes***.

Buffett é conhecido como o mago de Omaha, em alusão à cidade americana onde nasceu pobre, cresceu, casou e vive até hoje na mesma casa, apesar de bilionário. Está se vendo que é um conservador. É o ícone dos investidores fundamentalistas, que aplicam em ações a partir da análise dos fundamentos das empresas. Como não gosta muito de viajar, é em Omaha, também, que ele promove uma reunião anual para responder dúvidas de investidores de todas as partes do mundo.

Em 2008, em meio ao auge da crise financeira americana, Warren Buffet injetou cinco bilhões de dólares no banco Goldman Sachs e outros três bilhões de dólares em ações da General Electric, a GE. Nesse ano foi lançada sua biografia autorizada, cujo titulo é *The Snowball* (A Bola de Neve), que demandou cinco anos de pesquisa e escrita da analista de ações Alice Schroeder.

Schroeder garante que a disciplina e a obediência de Buffett ao conceito da bola de neve compõem a essência de sua prosperidade. Na prática, esse conceito funciona da seguinte forma: você investe seu dinheiro numa companhia, a aplicação rende e você acrescenta o rendimento ao investimento inicial, ganhando ainda mais. Veja o resultado no gráfico. ✓

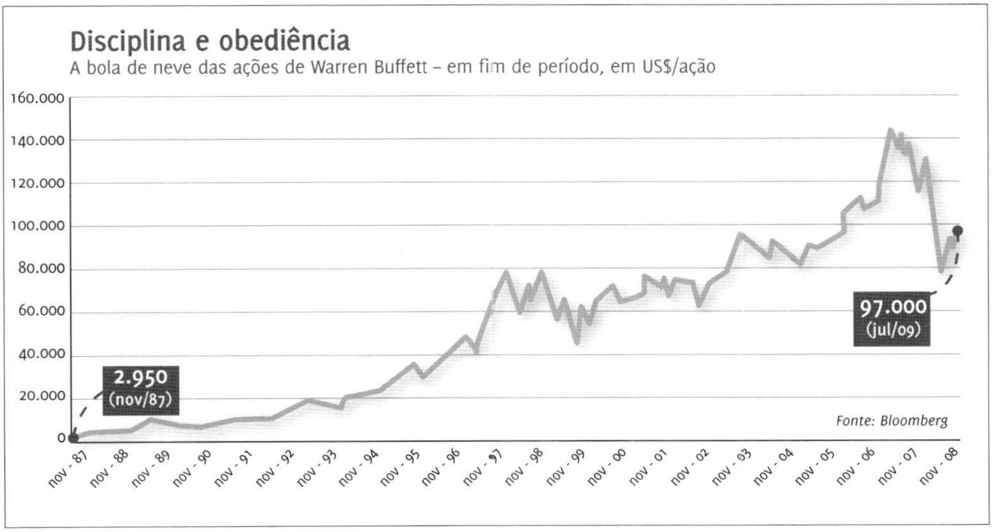

Indicadores econômicos

Entenda porque eles merecem a sua atenção

Indicador	O que é	Para que serve	Como lhe afeta
PIB	Produto Interno Bruto é a soma de todos os bens e serviços produzidos no país em um dado período de tempo.	Mostra o nível de atividade da economia.	A economia em crescimento tende a elevar a receita e o lucro das empresas, o que favorece as aplicações de longo prazo em ações.
Inflação	Medida do aumento generalizado e contínuo no nível de preços. A variação no valor pago pelo tomate, pela camiseta, pelo televisor e outros produtos define a taxa de inflação.	Indica a variação do custo de vida. No Brasil há vários índices, cada um deles dedicado a uma área específica. O IGPM, calculado pela Fundação Getulio Vargas, serve como parâmetro para o reajuste de contratos de aluguéis e de prestação de serviços, por exemplo. O IPC, calculado pelo IBGE, é o índice oficial de inflação.	A inflação corrói o poder de compra. Mesmo que o rendimento nominal de suas aplicações seja positivo, seria maior se não houvesse inflação. Em caso de deflação, quando os preços se retraem, existe queda na atividade econômica e elevação do desemprego. Para o investidor em Bolsa, inflação é risco e deflação é prejuízo - sempre falando no curto prazo, pois a deflação ou a alta da inflação não podem durar indefinidamente.
Taxa de juro	É a remuneração prometida a um investidor, ou o preço pago por um tomador de crédito junto a uma instituição financeira.	Reflete o custo do dinheiro numa determinada economia.	É o prêmio pago àqueles que têm dinheiro aplicado, e o agravo que recai sobre os que tomam empréstimos. Serve como parâmetro na avaliação do risco dos investimentos
Emprego	É a função, o cargo ou a ocupação remunerada exercida por uma pessoa. Em um país, o índice de emprego é o grau de ocupação dos que estão em idade de trabalhar - a chamada População Economicamente Ativa (PEA).	Calculado mensalmente pelo IBGE, é um indicador de atividade econômica. Quanto mais aquecida está a economia, maior a necessidade de trabalho e, portanto, maior também a oferta de vagas nas empresas.	Quando a taxa de desemprego aumenta, é recomendável que você seja mais conservador em seus investimentos - pois seu emprego pode estar em risco e as empresas em que você investe podem enfrentar dificuldades, o que poderá reduzir seus ganhos com ações.

(continua)

(continuação)

Indicador	O que é	Para que serve	Como lhe afeta
Produção industrial	Mede a atividade das indústrias, a produção de bens manufaturados no país.	Calculado mensalmente pelo IBGE, é um termômetro da atividade econômica.	Quando a indústria produz a toda carga, há emprego, renda, consumo e, portanto, maiores lucros. Forte atividade industrial indica bom desempenho das empresas – o que é um sinal positivo para quem deseja investir em ações.

Glossário

- **bear market** - a palavra bear significa urso em inglês. A expressão é utilizada para indicar que o mercado experimenta uma tendência de baixa ou ao menos de hibernação.
- **bull market** - bull significa touro, e a expressão indica que o mercado está otimista em relação à economia – portanto, há grande volume de negociação de títulos e um aumento prolongado nos preços das ações e obrigações.

Leia mais sobre estas expressões no Capítulo 8.

BOVESPA
BOVESPA

6

Leia os relatórios

SARDENBERG – As ações da General Motors estão valendo um dólar e dez centavos!

MARA – Pois é, despencaram. Quem aplicou dinheiro nessas ações pensando na aposentadoria está com problemas.

SARDENBERG – Você sabe que existe um fundo de pensão dos funcionários da companhia?

MARA – Estes fundos de investimento são oferecidos pelas empresas aos empregados como alternativa complementar ao benefício pago pelo governo aos aposentados. Existem também no Brasil. Por isso quem investe no longo prazo, para a aposentadoria, deve lembrar sempre que ação é parte de uma empresa. Por mais que haja fiscalização, é de seu interesse acompanhar como o fundo de que você participa é administrado e onde os recursos são investidos, pois se as empresas que formam a carteira do fundo vão mal, seus rendimentos caem. O que acontece com a General Motors, a GM, nos Estados Unidos? Suas ações caíram e continuaram caindo mesmo num período de *rally* da Bolsa americana. Portanto, perderam não apenas os trabalhadores da companhia que aderiram ao fundo oferecido aos funcionários: o prejuízo atingiu também aqueles que participam de fundos em cujas carteiras existem ações da GM.

SARDENBERG – E que ações você recomenda?

MARA – Você sabe que eu não posso recomendar nada! Quem investe ou quer investir no mercado, diretamente ou por meio de fundos, tem de ler relatórios e notícias corporativas que trazem avaliações e projeções, saber o que os analistas dizem sobre as empresas, e se posicionar. A Petrobras, por exemplo, anunciou que seu lucro cairia. Afinal seus resultados foram superiores às expectativas dos analistas. A corretora Ágora recomenda compra de papéis da Petrobras e sinaliza um potencial de alta de 18,6%. Já o relatório da Fator Corretora questiona a regularidade da nova forma utilizada pela empresa para contabilizar impostos, e afirma que o artifício representa mais de 5% do resultado de sua receita bruta. Mas mesmo assim recomenda a manutenção das ações. Outro exemplo. A Sul América é a empresa com maior potencial de alta da carteira da Ágora, com um **upside** de 80%. No relatório da Fator, a mesma Sul América é apresentada com potencial de alta bem menor: 18%. No blog da Carteira CBN estão anexados alguns relatórios. Se você planeja investir, recomendo que dedique algum tempo à leitura.

SARDENBERG – O caso da Petrobras está pendente de uma decisão da Receita Federal. Se ela definir que a mudança na forma de contabilização dos impostos não vale, todo o relatório da empresa poderá mudar, não é?

MARA – Daí a importância de estar em dia com os relatórios. Eles acompanham as notícias das empresas e o impacto do que acontece sobre suas perspectivas de lucro e crescimento. Tudo isso influencia o humor e o comportamento dos investidores e, consequentemente, o preço das ações.

Só para você, leitor

Para alguns entendidos do mercado, os relatórios dos analistas dizem pouco sobre uma empresa e podem ter opiniões enviesadas, ou seja, espelhar mais os interesses das instituições em que trabalham do que propriamente um julgamento independente.

O conflito de interesse é apontado porque há analistas que trabalham em instituições com várias atividades no setor financeiro, uma corretora e um banco comercial, por exemplo. Em um caso como este, o banco mantém relacionamento e negócios com as mesmas empresas sobre as quais os analistas de sua corretora emitem opiniões. O conflito, portanto, parece evidente.

Esta, entretanto, não é a norma. Principalmente depois dos escândalos corporativos que ocorreram nos Estados Unidos no início da primeira década de 2000 e abalaram a credibilidade de alguns analistas. O mais emblemático desses escândalos foi o que envolveu a Enron, gigante de energia com faturamento na casa dos 100 bilhões de dólares que quebrou de uma hora para outra. A empresa mostrou ser uma grande fraude. Durante anos publicou balanços que revelavam muito pouco sobre sua real situação financeira e, assim, induziu os analistas a produzirem avaliações erradas. Os investidores, ludibriados, continuaram a aplicar suas poupanças na Enron e perderam muito quando ela foi à lona.

No Brasil, atualmente, a profissão de analista é regulada e fiscalizada pela CVM. A atividade tem sido acompanhada com rigor crescente. Assim, de maneira geral, aqueles profissionais que conseguem obter autorização da CVM levam a sério o que fazem, e estão sempre atentos à evolução das empresas, para emitir opiniões bem fundamentadas sobre suas ações.

O fato, portanto, é que a grande maioria dos analistas assina relatórios confiáveis. Mas não espere unanimidade. A opinião sobre uma empresa pode e deve variar entre os analistas. Isso porque os cálculos de projeção do **preço justo** de uma ação levam em conta muitos fatores e dependem também de expectativas em relação ao desempenho da economia, aos resultados futuros da empresa e aos riscos a que ela poderá estar submetida.

Esse processo é denominado *valuation*. Os analistas projetam o crescimento da receita e do lucro de uma empresa e estimam um preço que consideram justo (um preço alvo) para suas ações. Para que? Para comparar esse preço, que é teórico, com o que se verifica na prática: o valor pelo qual o papel é negociado na Bolsa. Quando o preço considerado justo é superior ao que é efetivamente cobrado nas transações, é hora de comprar. Se é inferior, a hora é de vender.

É sempre recomendável, portanto, ler a opinião de mais de um analista. Na diferença de opiniões você poderá encontrar informações preciosas e tirar suas próprias conclusões.

Tenha em mente que, na rotina dos pregões, o preço de uma ação pode ser pressionado por contingências momentâneas. Já no longo prazo, o que impulsiona o preço dos papéis é a capacidade da empresa de ganhar dinheiro, ou seja, de gerar lucro.

A cotação da empresa na Bolsa, o preço pelo qual suas ações são negociadas diariamente, é como uma fotografia instantânea das expectativas médias de compradores e vendedores naquele dia. Bastante diferente, o preço justo definido pelos analistas com base em expectativas de resultados futuros, e de eventos mais ou menos imponderáveis, é como um roteiro de filme que pode se alterar no correr das gravações.

Para que você compreenda melhor o significado do jargão do mercado:

Ação em alta - sinal de que há mais compradores do que vendedores. Ocorre sempre que as perspectivas de lucro de uma empresa aumentam e a procura por suas ações cresce.
Ações em baixa - indicador de que existem mais vendedores do que compradores. Quando diminuem as perspectivas de crescimento da empresa, os que têm suas ações tendem a querer se livrar delas. Por outro lado, poucos desejam comprá-las. A pressão vendedora acaba por derrubar o preço dos papéis.

Histórias de ouvintes

O desequilíbrio é o pior conselheiro

Um senhor bastante preocupado enviou um email. Suas ações estavam perdendo valor a uma velocidade assustadora e ele temia ver seu investimento reduzido a pó em curto espaço de tempo.

Experiências assim não são incomuns. O preço das ações oscila e algumas vezes as variações têm amplitude maior, com fortes altas ou quedas. Quando acham que as ações estão muito baratas, os investidores deflagram uma onda de compra e os preços tendem a subir. Quando sentem que os papéis de suas carteiras estão valorizados, vendem e, com isso, derrubam os preços. No mercado, esse fenômeno é definido como correção de preços.

Apesar de ser natural e frequente, a correção de preços tende a assustar os que estão ingressando na Bolsa, ou os mais desavisados. O mercado se torna nervoso. O lado positivo desta moeda é que os momentos de grande nervosismo podem ser muito bons para comprar ações de excelentes empresas a preços baixos.

Quando vivenciar uma situação similar, esqueça o nervosismo do mercado. O desequilíbrio é seu pior conselheiro.

As ações refletem o desempenho das empresas, certo? Pois então acerte seu foco e concentre-se em avaliar as empresas. Leia relatórios de analistas, cheque a saúde dos negócios e suas perspectivas de lucros. Então, você pode descobrir que sua poupança não vai virar pó de repente e mais: que vale a pena aplicar algum recurso adicional em ações.

O que você vai encontrar nos relatórios

Logo no início, em geral na margem esquerda ou direita dos relatórios, está anotado o código da ação, o nome pelo qual ela é negociada na Bolsa. Por exemplo, o código das ações do Banco do Brasil é BBAS3.

Abaixo do código, ou próximo a ele, você encontrará o preço pelo qual a ação está sendo negociada e o preço justo projetado pelo analista.

Na sequência haverá a recomendação de compra, venda ou manutenção. Em alguns relatórios, a percepção do analista em relação àquele investimento aparece em outros termos, como atraente ou não atraente.

Por fim, há um texto de avaliação que, em alguns casos, inclui quadros com o resumo do balanço e/ou dos múltiplos da empresa (leia mais sobre múltiplos no Capítulo 14). ✓

Glossário

rally - na Bolsa, o termo é utilizado para designar alta nas cotações das ações, geralmente seguida de súbito declínio ou de estagnação nos preços.

upside - potencial de alta de uma ação projetado pelos analistas de investimento a partir de cálculos sobre receita, lucro, crescimento e outras variáveis.

preço justo - valor pelo qual os analistas, baseados em seus cálculos, crêem que as ações de uma empresa devam ser negociadas, ou seja, o mais conforme com a situação real do negócio e com as suas perspectivas futuras.

7

Engenheiros fazem conta

SARDENBERG – Qual é nosso próximo assunto?

MARA – Uma pesquisa feita com engenheiros da Poli, a Escola Politécnica da Universidade de São Paulo.

SARDENBERG – Engenheiros já formados pela Poli.

MARA – Isso. A pesquisa está num livro chamado ‘Que crise é essa?’, do professor Ramiro Gonzáles, que também é formado pela Poli. O que ele fez? Buscou na turma de formandos da década de 1980, engenheiros que hoje têm entre 42 e 48 anos de idade, aqueles com renda individual superior a 10 mil reais por mês e pelo menos 200 mil reais em investimentos. Então investigou como a crise estava afetando essas pessoas.

SARDENBERG – Por quê?

MARA – Falamos uma vez do trabalho da analista Lika Takahashi, publicado num boletim da Fator Corretora. Ela diz que a crise tem estágios que provocam diferentes emoções: raiva, barganha, depressão e aceitação. Pois o professor Ramiro Gonzáles decidiu testar as conclusões de Lika Takahashi com engenheiros formados na Poli.

SARDENBERG – E o que ele observou?

MARA – Bem, 25% dos que foram analisados não sentiam raiva. Mas Gonzáles descobriu outras coisas curiosas. A primeira foi que 24% não estavam nem aí com a crise, porque as suas aplicações estavam todas em fundos DI. Ou seja, esses 24% não sofreram perdas e mantiveram a liquidez. Segundo o professor, esse grupo se encontra periodicamente. Em uma reunião recente, todos concordaram que estava na hora de começar a migrar recursos para ações. A segunda descoberta é ainda mais interessante: os pesquisados que disseram estar com raiva tinham a maior parte de seus recursos em renda fixa e, fechadas as contas, o saldo de suas carteiras era positivo. Ainda assim eles estavam irados por terem aplicado 30% de seu dinheiro em ações que registraram perdas – ou seja, por não haverem percebido que a aplicação de tudo o que tinham na renda fixa lhes garantiria ganhos maiores, sentiam raiva de si mesmos.

SARDENBERG – Este livro é bom, é interessante?

MARA – É, porque explica a crise de maneira simples. Fala dos ciclos econômicos, do mercado das hipotecas americanas, mostra a origem da crise.

SARDENBERG – Acabo de receber um email de um engenheiro dizendo que só investe em imóveis e está feliz da vida. Mas cada um tem seu perfil, não é?

MARA – Pois é. Um grupo dos pesquisados preferiu concentrar todas as aplicações em fundos DI. Por quê? Porque eles fizeram contas. Perceberam que como o juro estava muito alto, não valia a pena correr riscos: o DI era o melhor investimento. Com a mudança de cenário, começam a migrar para ações.

SARDENBERG – Porque o juro caiu e o mercado de ações está barato.

MARA – As ações estão baratas, o juro está em queda... Os engenheiros refizeram as contas...

SARDENBERG – No final de 2008, achando que o mercado estava no fundo do poço, o economista Nuriel Roubini, presidente da RGE Monitor, um pessimista conhecido como “Dr. Apocalipse” colocou o dinheiro de seu fundo de pensão em ações. E elas caíram mais um pouco.

MARA – Mesmo para economistas é difícil saber quando a Bolsa atingiu o limite de baixa. Conclusão: é melhor comprar ações baratas do que esperar o mercado chegar ao fundo do poço.

SARDENBERG – Se esperar, quando se der conta a Bolsa já poderá ter subido e você terá perdido a oportunidade de fazer bons negócios.

Só para você, leitor

Com taxas altas de juro, comprar imóveis é um investimento de qualidade duvidosa. Isso porque, aplicado em renda fixa, o dinheiro da aquisição de um imóvel gera rendimento suficiente para pagar um aluguel – com sobra para você se capitalizar ainda mais.

Agora, considere que quando ocorre redução na taxa de juro esse cenário muda de maneira radical.

Mas voltando ao caso dos engenheiros da Poli, não foram apenas eles que optaram por concentrar aplicações em renda fixa. No tempo em que o Brasil mantinha o juro nas alturas, muita gente seguiu o mesmo caminho. A renda fixa foi forte concorrente do mercado de ações.

Os brasileiros se perguntavam: 'Por que correr riscos se uma aplicação conservadora com juros elevados rende tão bem?'. Como a resposta era óbvia, muitos optaram pelo conforto e pela tranquilidade, portanto, a Bolsa não entrou na rotina do poupador brasileiro.

Preste atenção ao gráfico a seguir. Ele revela muitas informações. Espelha a trajetória da taxa de juro (CDI) e das ações (medida pelo Ibovespa) num cenário de juros elevados. Veja que o retorno médio do Ibovespa ficou em 19% ao ano, enquanto o do CDI alcançou 23%. Mais: se você observar as oscilações das duas linhas, perceberá claramente que quanto maior é o risco da aplicação, maior é sua oscilação.

Renda fixa e renda variável

Em um cenário de juros elevados, a renda fixa oferece menos risco e maior retorno

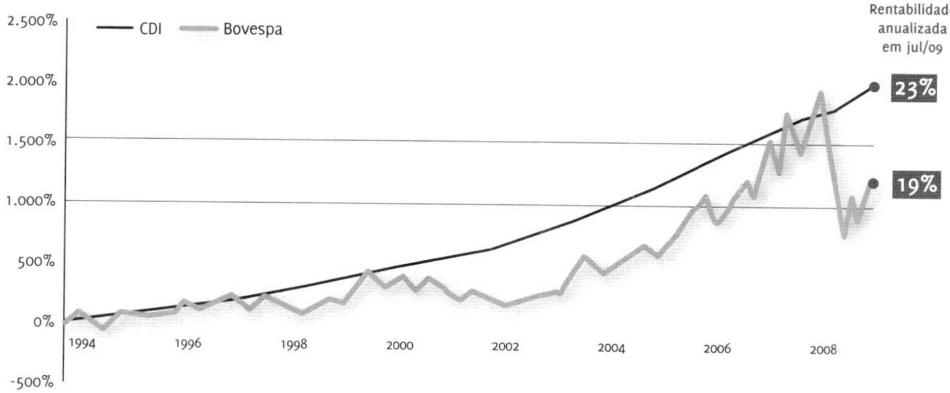

Fonte: Credit Suisse Hedging Griffo

Tudo tem seu tempo

Este boletim foi ao ar em três de abril de 2009. Então, o Ibovespa era negociado a 44.390 pontos. Menos de dois meses depois o índice já ultrapassava os 53 mil pontos. O ganho no período foi espantoso, de quase 20%! O pior momento da Bolsa, nesta crise, ocorreu em outubro de 2008. Naquele mês, o índice chegou a cair a 29.435 pontos. Nos sete meses seguintes, o lucro atingiu 80%!

E agora? É hora de vender ou de comprar? Emails com questões desse tipo chegam a todo o momento.

Os que conseguiram manter a racionalidade e comprar ações no período de baixa querem saber se ainda há combustível para altas, se devem permanecer com suas aplicações ou vendê-las. Perguntas complexas. Reconhecer os picos e vales dos mercados é difícil, e pode sair caro. Se optar por esta estratégia, precisará de sorte. Melhor: muita sorte.

Por mais experientes que sejam os gestores de mercado, eles nunca sabem ao certo quando se atingiu o fundo do poço, período ideal para a compra de ações; nem o ponto máximo de valorização, melhor momento para a venda. Isso considerando que contam com equipes de analistas, com macroeconomistas, além de profissionais que mapeiam o fluxo de dinheiro nos diversos mercados.

O bom senso recomenda a diversificação de sua carteira de investimentos. Portanto, se sua estratégia é manter 30% das aplicações em ações, é preciso fazer ajustes frequentes. Caso seu saldo na Bolsa supere 30%, invista na disciplina. Feche os olhos para a tentação do dinheiro fácil, venda o excesso, realize lucros, e invista na renda fixa, mais conservadora. Na outra ponta, nos momentos de crise, quando sua parcela de ações estiver depreciada, mantenha o sangue-frio: esta será a hora de comprar ações para ajustar sua carteira à fatia de 30%.

Os 30% são apenas um exemplo. Como fazer para definir a parte de seus recursos a ser investida em ações? O importante é que você se sinta confortável com o risco inerente às aplicações em Bolsa. As incertezas do mercado são muitas e as crises ocorrem quando menos se espera. Você não deve perder a cabeça. Se sua tolerância às oscilações da Bolsa não ultrapassa 10% ou 20% mesmo em tempos de euforia, é melhor manter-se dentro de seu limite.

Um conselho: como os gestores têm experiência e recursos, defina sua estratégia, busque fundos que se adéquem a ela, e delegue aos profissionais o trabalho de determinar o **market timing**. Os gestores utilizam ferramentas de análise para comparar dados atuais com padrões do passado e traçar tendências. Essa não é tarefa para quem tem outras ocupações.

Outra estratégia recomendada por consultores é conhecida como *dollar cost averaging*. Trata-se do seguinte: invista o mesmo valor em ações todos os meses. No mês em que elas estiverem em alta, seu dinheiro vai comprar um determinado número de ações. Quando estiverem mais baratas, o mesmo montante comprará mais. Ou seja, você pode não adquirir papéis ao preço mais baixo ou fechar negócio pela cotação mais alta. Mas nessa toada, ao longo do tempo sua carteira terá um preço médio e chances reais de valorização.

O gráfico a seguir mostra o que teria acontecido com sua aplicação se, por falta de mira, por assim dizer, você tivesse perdido os cinco melhores momentos de compra e venda em quatorze anos.

Falha na pontaria

Simulação: 100 reais aplicados em CDI e em ações negociadas em maus momentos, entre 1995 e 2008[1]

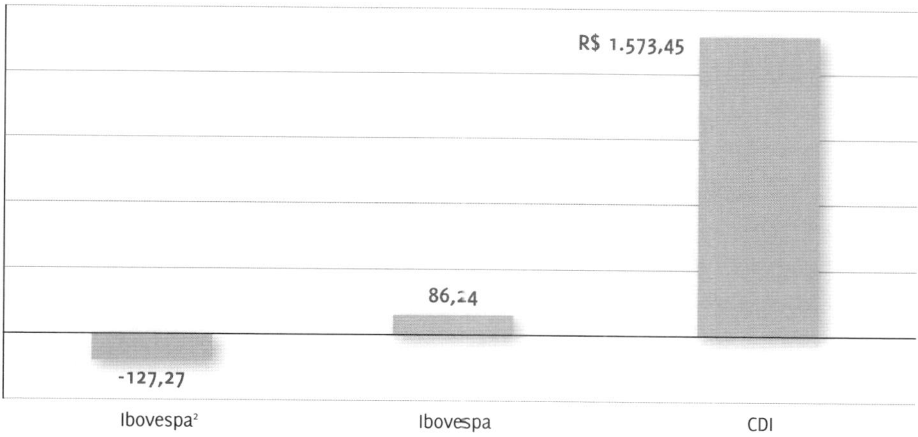

Fontes: BM&FBovespa e LAFIS
[1] valores nominais
[2] sem as 5 melhores ocasiões de compra e venda

Glossário

III market timing - a expressão significa a percepção do momento exato de negociar no mercado. É utilizada como sinônimo da estratégia de garantir o maior lucro possível nas operações comprando ações quando seu valor começa a subir e se desfazendo delas no início da baixa.

NO AR

8

Como manter o sangue-frio numa crise?

SARDENBERG – E aí Mara como vai?

MARA – Boa tarde, ouvintes! Sardenberg, parabéns por sua estréia na GloboNews. Gostei!

SARDENBERG – Agora apresento na rádio, faço comentários, escrevo livro e jogo futebol.

MARA – Também joga tênis.

SARDENBERG – É verdade, também jogo tênis, mas perdi no último final de semana. Já no futebol nosso time ganhou e eu fiz o gol! Mas vamos falar sério. Mara, às vezes o mercado dá a impressão de estar esperando uma boa notícia. Então surge uma novidade, como o plano americano de ontem, que foi bem recebido. Hoje o pessoal está de olho nas ações – a ação do Citibank, que estava valendo menos de um dólar, foi a três dólares!

MARA – Isso é porque depois de algumas semanas de baixa o mercado sempre procura motivo para comprar. Mercado em baixa não significa que não haja comprador. Quando o ativo fica muito depreciado, os investidores esperam um empurrão para agir – e o plano americano era o que eles esperavam. Esse movimento vai acontecer outras vezes e provocar alta na Bolsa. Isso significa que o pacote soluciona a crise financeira internacional? Não. Algumas perguntas começam a aparecer. Como estabelecer o preço dos ativos? É difícil dar preço a um ativo em tempo de crise. Está lembrado do fim da âncora cambial, em janeiro de 1999? Alguns papéis não tinham piso. Isso aconteceu também em 1997, na crise dos papéis da dívida externa brasileira (ai, eu estou ficando velha...).

SARDENBERG – A única coisa que se sabe é que tudo é barato. O papel da dívida chegou a ser negociado a menos de 40 centavos por dólar.

MARA – Qual é o medo? É de que os preços caiam ainda mais. No caso americano, como vão ficar os ativos que estão na carteira dos bancos? Porque uma vez que se precifica o estoque, se sinaliza um valor para outros ativos que estão numa carteira ainda sem preço. Como mostrar, no balanço, que alguns papéis tiveram o valor estabelecido e outros têm apenas uma sinalização – e não um valor aceito no mercado? De todo modo, isso cria movimento. Os gestores americanos estão antenados, montando fundos para negociar esses papéis. O mercado começa a funcionar.

SARDENBERG – E já começa a se formar outra bolha...

MARA – É. E tem outro problema. E se quem compra esses ativos começa a ganhar?

SARDENBERG – Como é isso? Quem ganha dinheiro?

MARA – Ganha quem comprou ativos baratos. Hoje o mercado americano tem uma questão moral para resolver, principalmente por conta dos pagamentos de bônus astronômicos a executivos. Como fica se os que já ganharam comprarem ativos a preço baixo e ganharem ainda mais dinheiro?

SARDENBERG – O Congresso taxa tudo.

MARA – Por que você acha que o Congresso iria se meter nessa confusão? O risco moral é grande. Nenhuma crise financeira é simples, mas esta é muito complexa, porque não é apenas financeira, é também uma crise existencial das pessoas, dos governos e dos agentes privados. Isso não se resolve facilmente. Mas então a economia acabou? Não. Já dissemos aqui várias vezes: os mercados estão funcionando.

SARDENBERG – Os mercados sempre voltam, por aqui ou por ali.

MARA – As pessoas sempre encontram mecanismos fazer as coisas funcionarem. Agora, uma coisa tem chamado minha atenção. Os jornais americanos andam publicando matérias sobre poupadores compulsivos, e o presidente dos Estados Unidos declarou ao *The New York Times* que não gostaria de ver as pessoas colocando dinheiro debaixo do colchão. Quer dizer, se antes a preocupação era o excesso de consumo, agora o tom mudou radicalmente. O presidente diz: olha, não é preciso ficar guardando dinheiro...

SARDENBERG – É porque agora não é hora. Bateu uma virtude tardia.

Só para você, leitor

Os mercados não são estruturas estáticas ou insensíveis aos movimentos que ocorrem no mundo. Portanto, o fato de o mercado de ações estar em baixa não significa que não passe por períodos de alta. Da mesma forma, um mercado em alta tem seus momentos de baixa.

Para o investidor esses movimentos podem se configurar em uma porta, tanto para entrar como para sair do mercado. Se você ficou muito assustado com a crise e as fortes quedas da Bolsa, e quer sair o mais rápido possível dessa montanha russa, tente ser um pouco racional. Sabemos o quanto isso é difícil, mas veja, mesmo que o mercado de ações passe por maus momentos, há ocasiões de alta, que no jargão financeiro são chamadas de *rally*. Sair em tempo de baixa é sempre mau negócio.

De maneira semelhante, quando o mercado vive um período de forte alta há movimentos de baixa ou realização de lucros – aquelas temporadas em que investidores vendem ações para embolsarem ganhos. Entretanto, isso não interrompe a tendência de alta, já que os investidores continuam confiantes e, ato contínuo, compram ações a preço baixo à espera de uma nova onda de boas oportunidades de venda e realização de lucros.

Se você for um investidor que pretende ganhar dinheiro a cada circunstância oportuna, saiba esperar o momento certo para comprar e vender seus papéis. Agora, se você ingressou na Bolsa como investidor de longo prazo, mantenha a calma. Ignore os sobes-e-desces que ocorrem a todo o momento e pense em seus projetos futuros – no tempo, os sustos desaparecem e com alguns cuidados você terá rendimento positivo.

O touro e o urso

O *bull market* é associado a um período de confiança crescente dos investidores na economia. Acreditando numa alta cada vez maior no futuro, eles ficam motivados a comprar ações. O touro (*bull* em inglês) é a figura associada a estes períodos.

O *bear market* é o movimento inverso e é representado pela figura do urso (*bear* em inglês). O pessimismo dos investidores provoca um movimento de vendas pesadas no mercado, derrubando o preço das ações. Um *bear market* não é simplesmente um período passageiro de queda de preços: é um movimento persistente. Alguns analistas definem como *bear market* uma queda de 20% ou mais num período de pelo menos dois meses.

Os altos e baixos da crise de 1929

Marcelo Ribeiro, da Pentágono Asset, mapeou o Crash de 1929. Notou que o fundo do poço só chegou três anos após o início da crise. E que nesse tempo houve dois períodos de alta. Observe

Comportamento do mercado após o Crash da Bolsa de Nova York

Fase	Período	Resultado médio	Queda acumulada
Crash	de 3 de setembro a 13 de novembro de 1929	-48%	-48%
1° Rally	13 de novembro de 1929 a 17 de abril de 1930	+48%	-23%
1ª Correção depois do Crash	17 de abril a 10 de setembro de 1930	-17%	-36%
1ª Crise Bancária	10 de setembro a 16 de dezembro de 1930	-36%	-59%
2° Rally	16 de dezembro de 1930 a 24 de fevereiro de 1931	+23%	-49%
2ª Crise Bancária	24 de fevereiro a 5 de outubro de 1931	-56%	-77%
Fase "tentativa"	5 de outubro de 1931 a 8 de março de 1932	+3%	-76%
Correção drástica e final	8 de março a 8 de julho de 1932	-54%	-89%
Bottom do mercado	8 de julho de 1932 a 10 de março de 1937	+372%	-49%
1ª Lição dos anos 30	"Cuidado com os intervalos de esperança... como nos filmes de terror da série 'Sexta-Feira 13', quando todos achavam que Jason havia morrido e a tranquilidade imperava... ele voltava para fazer mais vítimas."		
2ª Lição dos anos 30	"Tenha paciência... quem comprou no bottom do mercado, em 8 julho de 1932, participou de um dos maiores *bull markets* da história, quando o Dow Jones subiu 372% em menos de cinco anos!"		

Cuide bem de si mesmo

A crise deflagrada pelas hipotecas americanas, que chegou ao Brasil no segundo semestre de 2008, pegou os investidores eufóricos. A Bolsa vinha de cinco anos de alta e acumulava ganho de 401,21% até junho de 2008. Este *bull market* arrastou muitos novatos para o mercado de ações. O número de investidores na Bolsa dobrou, chegando a quase 600 mil Quando a crise veio, eles não estavam preparados para suportar quedas tão bruscas.

Foram muitos os emails de ouvintes que queriam se desfazer de seus papéis a qualquer preço. Esta é uma decisão muito pessoal. Considera as obrigações e os prazos de cada investidor, e sua capacidade de suportar prejuízos, pois afinal é melhor perder dinheiro na Bolsa do que danificar a saúde.

Por isso os especialistas sempre reforçam que o dinheiro a ser investido na Bolsa não deve ter data para ser resgatado.

Veja no gráfico que na última crise houve bons momentos para pular fora do mercado. Como é difícil acertar o ponto para sair com o máximo lucro, a recomendação é retirar o dinheiro aos poucos. ✓

A última crise

Momentos de alta e de baixa na BM&FBovespa – em pontos

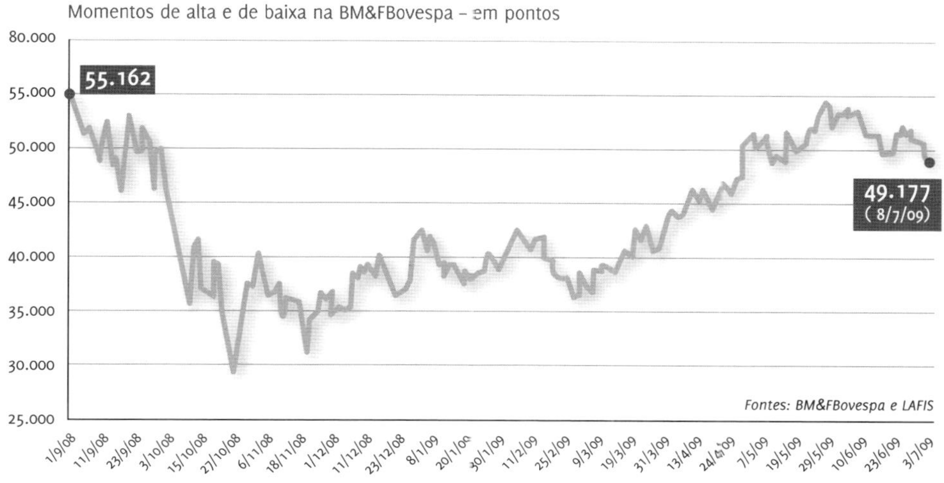

Fontes: BM&FBovespa e LAFIS

AOC

9

O risco de perder a alta

Sardenberg – O assunto é um estudo sobre Bolsa de Valores.

Mara – Um estudo do Luciano Telo, gestor experiente de Private Banking, setor que cuida dos investimentos de famílias muito ricas, com patrimônio superior a 1 milhão de dólares. Ele mapeou as maiores altas e as maiores baixas do Ibovespa desde 1994. A tabela está no nosso blog. Você está conseguindo acompanhar as tabelas no blog?

Sardenberg – Sim, estou vendo aqui.

Mara – Lendo o estudo, você chega à seguinte conclusão: o risco da Bolsa não é a baixa, e sim a alta, ou melhor, perder a alta. Se você olhar o gráfico, vai ver que a maior parte dos investidores perde o momento da alta. Veja o *rally*, esse período de alta do primeiro semestre de 2009. A maior parte dos investidores estava fora da Bolsa. A posição em ações estava em quase 15%, o ponto mais baixo. Ou seja, apenas 15% da carteira dos investidores estavam em ações. Com a maior parcela na renda fixa, as pessoas perderam a oportunidade de ganhar nesta alta.

Sardenberg – Quem são essas pessoas?

Mara – O investidor de uma forma geral. Estava com uma fatia pequena em ações quando a alta veio. Isso porque, por medo de perder, as pessoas reduzem a carteira de ações. Considerando esses dados, Luciano Telo construiu uma explicação sobre a importância de olhar sua carteira de forma global, em vez de insistir em tentar acertar as maiores baixas e maiores altas.

SARDENBERG – Quando o gráfico mostra a maior queda do Ibovespa, de 15,8% em 10 de setembro de 1998, data da crise da Rússia – esta é a queda no dia?

MARA – Isso, no dia.

SARDENBERG – É interessante porque cinco dias depois, em 15 de setembro, houve alta de 18%

MARA – Essa é outra conclusão do estudo: as maiores altas ocorrem depois das crises.

SARDENBERG – É verdade. Janeiro de 1999, quando houve aquela desvalorização forçada do Real. No dia 14 de janeiro a Bolsa caiu 10%. No dia 15 de janeiro subiu 33%.

MARA – Outro ponto interessante: nesta crise, entre as maiores quedas do Ibovespa só três ocorreram em 2008. O que significa que a crise do final dos anos 1990 foi bem mais dura. Luciano também fez uma análise das 20 maiores altas e baixas dos últimos 50 anos na Bolsa americana. Resultado: as maiores quedas nos Estados Unidos estão concentradas na crise que teve início em 2008. Do total, dez das maiores quedas estão registradas neste período.

SARDENBERG – 2008. Em 15 de outubro ocorreu uma queda de 11,4%. No dia 22, houve uma queda de 10%.

MARA – Depois, em 24 de novembro, meu aniversário, houve alta de 9,4%. Lembra que comemoramos no ar? O estudo foi apresentado num contexto de diversificação, para você não ficar muito nervoso com o dia a dia do mercado. Porque o investidor sofre e realiza a perda, fica com medo, e perde a alta, a oportunidade de recompor o patrimônio.

SARDENBERG – Pois é... Esse é o problema. As pessoas ficam assustadas.

MARA – O principal desafio é manter a racionalidade na gestão do investimento.

SARDENBERG – Eu estava vendo aqui, no dia do meu aniversário de 1994 também houve uma alta boa! Eu nem sabia disso... O que aconteceu em 1994? Crise do México?

MARA – É. Este foi o ano da crise mexicana.

SARDENBERG – Outra coisa que a gente pode notar é que não faltou crise.

MARA – Não faltou crise e não faltou recuperação. Aconteceram a crise do México em 1994 e 95, a da Ásia em 1997, a da Rússia em 1998, a do Brasil em 1999...

Só para você, leitor

No gráfico analisado durante o programa você pode conferir parte do estudo elaborado por Luciano Telo.

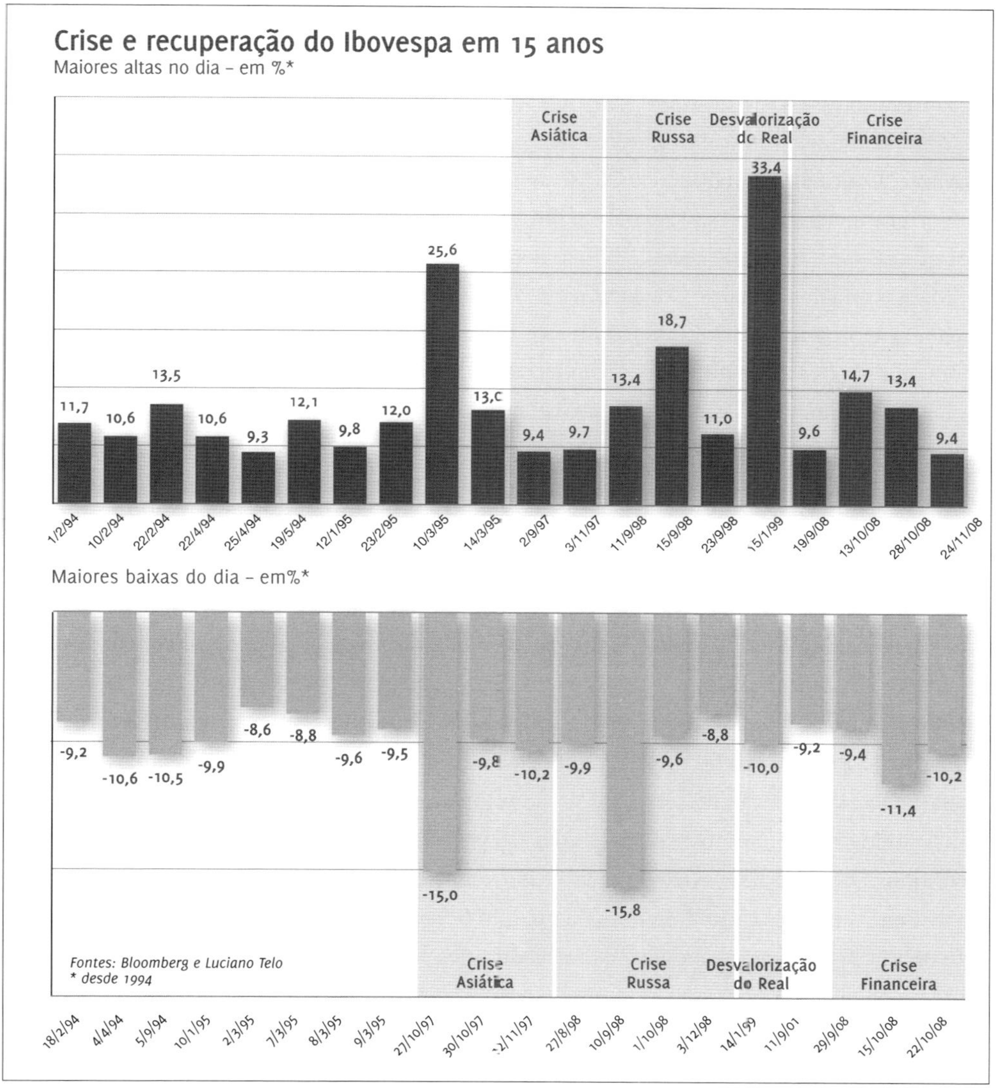

As colunas em cinza mais escuro mostram que, de fato, a posição dos investidores em ações está no ponto mais baixo quando a Bolsa experimentou um *rally*. No primeiro semestre de 2009 o Ibovespa registrou alta de de 37,1% e o Dow Jones acumulou perda de 3,75%.

Segundo os dados apresentados por Luciano Telo, os investidores costumam manter em média 27,3% de suas aplicações em ações. No final do primeiro semestre de 2009, no entanto, o patamar médio estava em 18,4%. Já o dinheiro em caixa e em renda fixa (aplicação que recebe juro e, portanto, mais conservadora) fez o caminho oposto. Em renda fixa a média de exposição da carteira dos investidores globais, de 42,9%, contemplava uma fatia de 49,1% no final do primeiro semestre de 2009. O dinheiro em caixa, que fica em aplicações extremamente conservadoras ou na conta corrente, ao alcance da mão, era de 29,1% em média, e passou a representar 32,5% dos recursos.

Por que os investidores reduziram tanto sua exposição em ações? Porque tiveram medo. E por que não sentem medo quando o mercado está em alta? Porque a euforia mascara os riscos.

Manter a racionalidade é extremamente difícil no mercado de ações, mas se você conseguir está aí uma boa rota para ganhar dinheiro. Isso porque provavelmente vai comprar ações no momento em que elas estiverem baratas e conseguirá vender quando estiverem em alta.

Daniel Kahneman, professor da Universidade Princeton, nos Estados Unidos, teórico da finança comportamental que combina economia e ciência cognitiva, Nobel de Economia em 2002, diz que dificilmente um investidor individual, sem ajuda profissional, se sai bem no mercado acionário, porque o fator psicológico prega armadilhas na hora das decisões.

Kahneman é o autor da Teoria da Perspectiva, em parceria com Amos Tversky. Seus estudos mostraram que as decisões econômicas dos indivíduos nem sempre são racionais e que o lado emocional tem um peso significativo. Foi o fator psicológico, segundo ele, que levou investidores a arriscar tanto nos últimos anos. "Simplesmente eles não sabiam que estavam correndo tanto risco", disse no 5º Congresso Anbid de Fundos de Investimento, realizado no primeiro semestre de 2009 (Anbid fez uma fusão com a Andima em 2009 e formou a Anbima, que é a Associação Brasileira das Entidades dos Mercados Financeiro e de Capitais).

O modo de lidar com o risco de perdas faz grande diferença para o sucesso ou não de um investidor. Segundo Kahneman, quando tudo vai bem, os investidores tendem a aceitar riscos sem compreender sua real dimensão. Já quando o mercado está em baixa, o medo impera. Ao adotarem um perfil extremamente conservador, eles perdem o movimento de alta.

O caso é pior para os investidores individuais, mais facilmente levados pelos fatores emocionais. Em função do otimismo do mercado compram na alta e, por medo, vendem na baixa, uma combinação desatrosa para quem quer aplicar recursos em ações.

Não se deixe enganar pelos números

Um ouvinte escreveu chamando a atenção para um ponto relevante:

"Não dá para esquecer que a matemática da porcentagem é simples, mas engana os incautos. Após uma queda de 50% no capital, a valorização para recuperá-lo deverá ser de 100%. Assim, uma alta de 80% após uma queda de 50%, não é lá grande coisa".

Em parte ele está certo. De fato, para conseguir recuperar o que perdeu você precisará ter um ganho percentual maior do que sua perda. Mas atente para dois pontos importantes.

A Bolsa será o caminho mais fácil para conseguir valorizações expressivas. Porque, como você viu no estudo de Luciano Telo, as crises jogam os preços das ações no chão. As altas que se seguem tendem a recompor as perdas.

Uma alta de 80%, mesmo depois de uma queda de 50%, é relevante sim. Embora não seja suficiente para repor todas as perdas, recompõe boa parte delas. Dificilmente você conseguirá um retorno desta magnitude em outro mercado no mesmo espaço de tempo.

Mais importante do que esperar a alta é montar a nova estratégia para que os lucros futuros cubram os prejuízos que você amargou. Como? Se você conseguir manter a racionalidade, e recompor sua carteira de ações fazendo compras em momentos de baixa, terá na sua cesta papéis a preços bem em conta. Assim, quando a alta vier, poderá realizar um lucro gordo.

Veja, contudo, que é importante manter a racionalidade também na alta. Quando o mercado estiver vivendo seus momentos de euforia e o preço de suas ações estiver subindo, será novamente hora de ajustar a carteira. Se a parcela de seus investimentos dedicada a ações é de 30%, por exemplo, venda o que tiver em excesso, e se aproprie do lucro. Ou seja, mantenha o foco no equilíbrio de sua carteira e não nas ondas do mercado. Assim você terá embolsado parte do lucro quando vier uma nova crise. Sim, porque tenha certeza: sempre ocorrerão crises. ✓

Glossário

III Dow Jones - principal indicador do mercado acionário americano, é a medida da variação do preço das 30 ações mais negociadas na Bolsa de Nova York (NYSE).

DELL

10

Marinheiros de primeira viagem

SARDENBERG – E o assunto hoje?

MARA – Vamos falar sobre oferta inicial de ações, ou IPO, a sigla em inglês. A consultoria Lafis e do economista Roberto Tamião, fizeram um estudo mostrando o comportamento das ações das empresas nos primeiros doze meses de negociação no mercado.

SARDENBERG – E o que descobriram?

MARA – Que o risco de comprar ações nessas ofertas aumenta muito quando a Bolsa está em alta.

SARDENBERG – Por quê?

MARA – Quando a Bolsa está em alta, tende a atrair muitas empresas, o que é lógico, pois elas querem aproveitar o momento para vender suas ações a bom preço. Mas quem deseja comprar esses papéis tem de tomar cuidado redobrado. Tamião listou todas as empresas que abriram capital desde 2004. No primeiro ano foram nove, das quais apenas uma teve retorno negativo nos primeiros doze meses de negociação: a Grendene, que registrou queda de 42,75%. As demais tiveram desempenho espetacular, muito superior ao do Ibovespa. Já em 2007, auge do lançamento de IPO no Brasil, as novas ações não se saíram tão bem.

SARDENBERG – Foram lançados 70 bilhões de reais em ações.

MARA – Mas no primeiro ano de negociação na Bolsa apenas nove empresas tiveram rentabilidade positiva. Além disso, não foram retornos espetaculares: três tiveram desempenho inferior ao do Ibovespa, por exemplo. Eu conversei com Jorge Simino, analista experiente diretor de investimento da Fundação Cesp. Ele diz que, em geral, o boom de IPO coincide com a euforia da Bolsa. As empresas acham que este é um bom momento para lançar ações, mas como a demanda por papéis é elevada, os preços acabam ficando muito altos – o que dificulta retornos expressivos. Para o investidor essas são fases de risco, e é importante que se avalie direitinho as oportunidades, o que não é tarefa fácil. Primeiro porque se trata de empresas que nunca tiveram ações em mercado, que acabam de abrir suas informações e, portanto, não existe um histórico para a avaliação de seu comportamento. Segundo porque um mercado em alta faz com que o preço fique muito esticado. Outro ponto que vale a pena observar é o objetivo da empresa, ou seja, como o dinheiro captado será utilizado. Isso porque quando a oferta é primária, a captação é da própria empresa, que busca recursos para fazer investimentos, pagar dívidas, ou outras finalidades. Enfim, o dinheiro vai para o caixa da empresa, o que é bom. Quando a oferta é secundária, o controlador vende ações para embolsar dinheiro – o que é perfeitamente legal e não tem nada errado.

SARDENBERG – Mas se o dinheiro for posto na empresa é melhor.

MARA – Exatamente. Se você está avaliando duas empresas para decidir de que oferta participar, se ambas são boas, bem administradas, de setores promissores, este pode ser um fator de desempate.

Só para você, leitor

IPO é a sigla em inglês para 'oferta inicial de ações'. Denomina a operação que permite a uma empresa abrir seu capital, ou seja, emitir ações pela primeira vez e, assim, passar a ser negociada em Bolsa. Este pode ser um mercado interessante para quem está procurando investir em papéis de segunda linha, ou *small caps*.

De maneira geral, uma empresa decide abrir seu capital ao público porque precisa levantar dinheiro no mercado, seja para fazer investimentos em expansão e/ou modernização, seja porque os controladores querem vender parte de suas ações (oferta secundária).

A operação é realizada por bancos que analisam a empresa, preparam a documentação necessária e procuram avaliar quanto o investidor estará disposto a pagar pela ação. Também disponibilizam um prospecto que revela a história financeira da companhia, o perfil de seus administradores, seus planos de investimento e expansão.

Para saber se comprar neste momento é um bom negócio, é preciso comparar o preço de venda das ações com seu potencial de valorização no mercado, o que depende em grande parte das perspectivas de crescimento do lucro.

Observe no gráfico os IPOs registrados no Brasil desde 2004. A tabela das páginas seguintes mostra a rentabilidade das ações no primeiro ano – que pode ser comparada à variação do Ibovespa no mesmo período.

Estréia no mercado

Quantidade de IPOs dos últimos anos

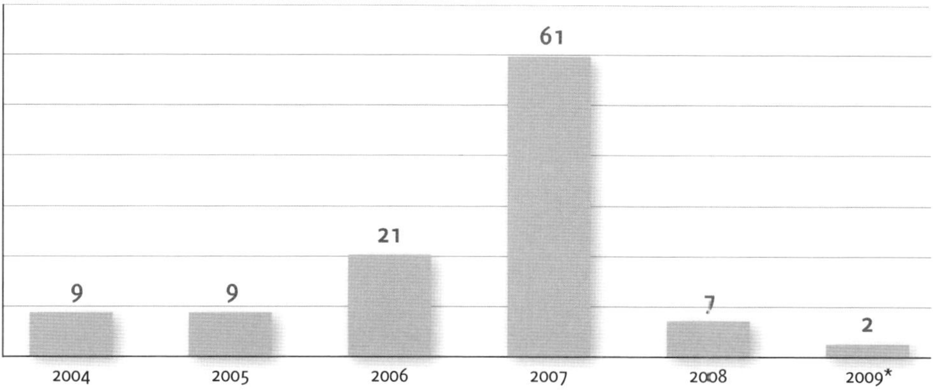

Fontes: BM&FBovespa e LAFIS
** até o final de junho*

Oportunidade e risco

Nove IPOs mais rentáveis de cada ano e a variação do Ibovespa – em 12 meses, em %[1]

Empresa	Código	Ação	Ibovespa	Data IPO
2004				
Tam S.A.	TAMM4	900,00	16,86	23/04/2004
All Amer. Lat.	ALLL3	114,96	21,69	29/06/2004
Dasa	DASA3	105,34	28,82	18/11/2004
Natura	NATU3	102,61	29,79	25/05/2004
Porto Seguro	PSSA3	54,37	29,44	19/11/2004
CPFL Energia	CPFE3	43,83	34,81	28/09/2004
Gol	GOLL4	36,33	19,10	23/06/2004
All Amer. Lat.	ALLL4	13,33	21,57	25/06/2004
Grendene	GRND3	-42,75	27,87	28/10/2004
2005				
Localiza	RENT3	266,31	48,83	20/05/2005
Tam S.A.	TAMM3	176,41	33,28	09/08/2005
B2W Varejo	BTOW3	142,28	45,08	29/03/2005
Cosan	CSAN3	132,38	31,98	17/11/2005
Nossa Caixa	BNCA3	73,00	35,00	27/10/2005
Energias Br.	ENBR3	58,83	41,87	12/07/2005
OHL Brasil	OHLB3	23,00	36,38	14/07/2005
UOL	UOLL4	-34,94	31,34	15/12/2005
Renar	RNAR3	-54,37	37,83	25/02/2005
2006				
Abyara	ABYA3	275,99	47,27	26/07/2006
MMX Miner	MMXM3	158,65	63,44	21/07/2006
GP Invest Bdrs	GPIV11	115,72	43,08	31/05/2006
Positivo Inf.	POSI3	102,51	52,28	08/12/2006
Lupatech	LUPA3	86,98	25,61	12/05/2006
Odontoprev	ODPV3	81,46	50,26	30/11/2006
Gafisa	GFSA3	80,87	19,85	16/02/2006
Dufrybras Bdrs	DUFB11	68,03	41,60	19/12/2006
Totvs	TOTS3	65,63	16,56	08/03/2006

(continua)

Empresa	Código	Ação	Ibovespa	Data IPO
2007				
SLC Agricola NM IGC	SLCE3	121,35	25,27	14/06/2007
GVT Holding	GVTT3	104,89	33,33	15/02/2007
PDG Realt.	PDGR3	38,62	28,59	24/01/2007
MRV	MRVE3	35,72	5,80	20/07/2007
São Martinho	SMTO3	29,54	36,94	09/02/2007
Marfrig	MRFG3	23,50	20,08	28/06/2007
Fer Heringer	FHER3	23,09	33,33	11/04/2007
Metalfrio	FRIO3	13,49	31,27	12/04/2007
BR Malls Par	BRML3	8,00	38,43	04/04/2007
2008				
BMFBovespa *	BVMF3	11,92	1,70	19/08/2008
Hypermarcas	HYPE3	2,94	-29,08	17/04/2008
OGX Petróleo	OGXP3	-0,09	-20,44	12/06/2008
Nutriplant	NUTR3M	-40,00	-35,81	12/02/2008
Le Lis Blanc	LLIS3	-51,11	-30,23	28/04/2008
Equatorial	EQTL3	-69,46	-31,47	04/04/2008
Estácio Part.	ESTC3	-73,91	-18,31	10/07/2008
Em 2009				
Tarpon Inv *	TRPN3	120,98	7,34	25/05/2009
Visanet *	VNET3	13,33	5,95	26/06/2009

Fonte: LAFIS

* *ações com menos de 12 meses após o lançamento*

[1] *em 2008 houve 7 IPOs. Em 2009, foram apenas 2 até o final de junho*

Espere a sua onda

Sempre que há anúncio de oferta de ações recebemos uma enxurrada de emails. A curiosidade por essas operações é grande, pois em geral elas ficam em evidência na mídia – e sempre existe um conhecido, um parente, um amigo que diz ter lucrado muito dinheiro em operações dessa natureza. Tenha muito cuidado. Fuja de euforias. Tente analisar a empresa, sua perspectiva no longo prazo, seus concorrentes, enfim, foque na empresa e no preço de lançamento da ação. Leve em conta que, embora possa se tratar de uma boa companhia, com perspectivas positivas, você poderá comprar esses mesmos papéis a preço inferior em um futuro não tão distante assim.

No mercado existem investidores que participam de ofertas públicas iniciais para obter lucro rápido com a compra e a venda dos papéis. São conhecidos como *flippers*. Como sua estratégia é ganhar com a alta nos dias seguintes ao início da negociação da ação em Bolsa, os *flippers* criam uma pressão vendedora no curtíssimo prazo cujo efeito tende a ser a derrubada dos preços. Portanto, se você não é um jogador, não entre nessa onda: espere que os preços se estabilizem e então, se for o caso, compre.

Manter o foco na empresa não é simples, embora pareça uma necessidade óbvia para um investidor em ações. No final dos anos 1960 e início dos 1970, o mercado brasileiro experimentou grande excitação. Naquele período houve muita oferta de ações de empresas que sequer existiam. É claro que ocorreram importantes mudanças nos anos recentes. Naquela época nem mesmo existia a Comissão de Valores Mobiliários, criada em 1976 justamente como reflexo das diversas fraudes que foram apuradas; além da grande baixa e da perda generalizada resultantes do estouro da bolha. ✓

11

Lucro sobre lucro

Sardenberg – Hoje vamos tratar de dividendos?

Mara – Temos um estudo da LAFIS com o dividendo médio pago pelas empresas com ações negociadas em Bolsa nos últimos dez anos.

Sardenberg – Mas primeiro você tem de explicar o que são dividendos.

Mara – Dividendo é a parte do lucro da empresa rateada entre os acionistas. Toda pessoa que tem ações, mesmo em valor muito pequeno, é acionista e pode receber dividendos.

Sardenberg – Isso se a empresa der lucro e tiver decidido distribuir.

Mara – A lei obriga o pagamento de um dividendo mínimo, que deve estar no estatuto das empresas, mas o percentual do lucro distribuído varia. Algumas utilizam boa parte do lucro para investir. Empresas maduras, que não precisam de tanto investimento, distribuem parte maior do lucro. O estudo da Lafis apresenta os dividendos e o juro sobre capital.

Sardenberg – Qual a diferença entre dividendos e juro sobre capital?

Mara – A diferença está na tributação. O dividendo é isento de Imposto de Renda (IR). O juro sobre capital não: é preciso pagar imposto sobre o ganho. Sem considerar a valorização das ações, estas empresas remuneram bem os investidores, seja com dividendos seja com juro sobre capital – o que é relevante num cenário de taxa de juro em queda.

SARDENBERG – Isso é importante. São duas coisas que o investidor em ações busca, ou deve buscar: uma é a valorização do papel em Bolsa e outra é a distribuição do lucro da empresa.

MARA – É. O segundo ponto está relacionado ao resultado do negócio propriamente dito.

SARDENBERG – Muita gente nem liga para isso. Pensa no papel negociado em Bolsa e não acompanha os resultados reais alcançados pela empresa.

MARA – Pois é. As pessoas não ligam, mas devem ligar. Principalmente quando a economia está com taxas de juro baixas, faz diferença montar uma carteira com empresas saudáveis, lucrativas, e que pagam bons dividendos... para a aposentadoria, por exemplo...

Só para você, leitor

Você pode consultar o resultado do estudo da Lafis na tabela das páginas seguintes. Veja que há empresas que chegaram a dar aos acionistas remuneração média de até 20% ao ano (caso da Eternit) entre 1999 e 2008. Ou seja, as ações da Eternit chegaram a dar um retorno ao acionista com dividendo e juro sobre capital que foi maior do que a própria taxa de juro média anual no período (o CDI ficou em 16,8%)

Considerando estas informações, você poderá adotar uma estratégia específica e criar uma carteira de ações buscando apenas empresas que regularmente paguem bons dividendos. O retorno com dividendos é chamado de **dividend yield**.

Quando obtém lucro, em geral a empresa faz um rateio, destinando uma parte do montante para reinvestimentos, outra parte para reservas, e uma terceira parte para o pagamento de dividendos aos acionistas.

A lei prevê duas formas de dividendos: o obrigatório e o prioritário. É útil entender a diferença.

O dividendo obrigatório limita-se à distribuição de parte do lucro líquido do exercício. É a mais significativa alteração operada pela atual Lei das Sociedades Anônimas. No regime anterior, algumas empresas acumulavam e capitalizavam lucros por anos, sem promover qualquer distribuição aos que nelas acreditavam e aplicavam em seus papéis. Esta prática foi coibida e estabeleceu-se um compromisso mínimo. O estatuto da empresa deve disciplinar a parcela que caberá ao dividendo obrigatório. Na ausência dessa especificação, a lei prevê que metade do lucro líquido ajustado seja objeto de distribuição.

O dividendo prioritário envolve não apenas o lucro líquido do exercício, mas também as reservas de lucros (exceto reserva legal) e os lucros acumulados.

Mas atenção: uma empresa que não pague bons dividendos regularmente não é necessariamente um mau negócio. Empresas emergentes, em fase de expansão e conquista de mercado, por exemplo, reinvestem a maior parte do lucro auferido para promover seu crescimento – o que pode significar que serão mais lucrativas no futuro.

Retorno em dividendos*

Parcela distribuída aos acionistas por empresas negociadas na Bovespa de 1999 a 2008

Empresa/Ação	%	Empresa/Ação	%
Eternit PN	20,88	Ferbasa ON	7,67
Eternit ON	20,18	Aliperti PN	7,25
Coelba ON	17,80	Alpargatas PN	7,08
CSN ON	14,29	Gerdau ON	7,06
Petroquímica União PN	13,66	Ferbasa PN	6,96
Coelba PN	13,41	Metisa PN	6,89
Celpe PN	13,40	Cemig ON	6,76
Telesp ON (Atual)	13,14	Millennium PN	6,74
Souza Cruz ON	13,10	Eletrobrás PN	6,70
Cosern ON	12,42	Gerdau PN	6,43
Monteiro Aranha ON	12,31	Alpargatas ON	6,38
Usiminas PN	11,86	Fras-Le PN	6,31
Cosern PN	11,48	Fosfértil ON	6,08
Petroquímica União ON	11,29	Iguaçu Café ON	6,07
Telesp PN (Atual)	10,85	Drogasil ON	5,90
Banrisul PN	10,70	Met. Duque ON	5,80
Fosfértil PN	10,07	Klabin S.A. PN	5,80
Gerdau Met. ON	9,77	Unipar ON	5,68
Gerdau Met. PN	9,74	Cemig PN	5,59
Usiminas ON	9,68	Brasil Telecom PN	5,56
Iguaçu Café PN	8,89	Bic. Monark ON	5,44
Cyrela Realt. PN	8,73	Unibanco PN	5,32
Banrisul ON	8,61	Itaúsa PN	5,24
Unipar PN	8,59	Banco do Brasil ON	5,17
Grazziotin PN	8,42	Aracruz ON	5,02
Mercantil do Brasil PN	8,21	Bradesco ON	5,02

(continua)

(continuação)

Empresa/Ação	%	Empresa/Ação	%
Weg ON	5,01	Duratex ON	3,50
Bradesco PN	4,98	BRF Foods PN	3,42
Met. Duque PN	4,97	Guararapes PN	3,39
Renner Part. PN	4,84	Alfa Financ. ON	3,38
Telemar PN	4,75	Itauunibanco ON	3,37
Dimed PN	4,74	Unibanco ON	3,34
Weg PN	4,66	Brasil Tel.Part. ON	3,31
Embraer ON	4,64	BRF Foods ON	3,15
Sadia S.A. PN	4,63	Alfa Invest. ON	3,13
Aracruz PN	4,60	Duratex PN	3,03
Cacique ON	4,55	Itauunibanco PN	2,95
Telemar ON	4,53	Guararapes ON	2,89
Petrobras PN	4,52	Grazziotin ON	2,78
Alfa Financ. PN	4,51	Tim Part. S.A. ON	2,65
Cacique PN	4,47	Telemig Part. PN	2,56
Embraer PN	4,32	Globex ON	2,38
Petrobras ON	4,31	Tim Part. S.A. PN	2,34
Brasil Tel.Part. PN	4,29	Eletrobrás ON	1,94
Itaúsa ON	4,28	Globex PN	1,79
Banco do Brasil PN	4,20	Alfa Holdings PN	1,74
Dimed ON	3,96	Alfa Holdings ON	1,45
Brasil Telecom ON	3,86	Telemig Part. ON	1,26
Sadia S.A. ON	3,82	Pão de Açúcar-CBD PN	1,12
Renner Part. ON	3,78	Cyrela Realt. ON	0,94
Alfa Invest. PN	3,64	Pão de Açúcar-CBD ON	0,22
Klabin S.A. ON	3,58	Metal. Iguaçu PN	0,13
Mercantil do Brasil ON	3,55	Metal. Iguaçu ON	0,02

Fonte: LAFIS
considerados dividendos e juros sobre o capital e desconto de 15% de Imposto de Renda sobre os juros. Os valores anuais estão baseados em data Ex e não na data de pagamento

Glossário

acionista - todo aquele que possui ao menos uma ação de empresa. A ação representa a menor parcela do capital de uma companhia. O investidor que detém mais de 50% do capital votante é acionista controlador – podendo se tratar de uma pessoa, uma família, outra empresa, ou um grupo de acionistas organizados. O controle é exercido a partir das ações com direito a voto, as ações ordinárias denominadas ON.

juro sobre capital - é uma forma de remuneração das empresas aos seus acionistas. A decisão acerca do pagamento de juro sobre capital próprio compete à assembleia geral, ao conselho de administração ou, ainda, à diretoria da companhia. O investidor recolhe imposto de renda sobre os valores que recebe a este título – enquanto os rendimentos que se enquadram na rubrica dividendos são isentos.

dividend yield - consiste no dividendo pago por ação de uma empresa dividido pelo preço dessa mesma ação. Em princípio, quanto maior o *dividend yield*, melhor é o resultado da empresa ou mais vantajosa é a sua política de distribuição de lucros aos acionistas. Mas fique atento. Como *dividend yield* é uma fração (dividendo pago/preço da ação), convém ter cuidado na hora de avaliá-lo. Um exemplo. Pode-se encontrar um *dividend yield* elevado que resulte de uma cotação muito baixa da ação – o que reflete algum problema com a empresa e não uma boa política de dividendos.

REDE
CBN
A RÁDIO QUE TOCA NOTÍCIA.

12

Comprar ações com o FGTS

SARDENBERG – Sabe que a Bolsa está em queda...

MARA – Vamos falar de FGTS Petrobras e FGTS Vale. Eu pedi ao economista Roberto Tamião que fizesse um estudo sobre o desempenho desses fundos em relação ao rendimento do FGTS. Ele considerou o FGTS Petrobras de agosto de 2000, quando as pessoas puderam fazer este investimento, até 2009. Mesmo com a queda de 2008 no valor das ações, o FGTS Petrobras teve rendimento de 1.118%. Isso significa que uma pessoa que aplicou mil reais do FGTS em ações da Petrobras em 2000, acumulou 12 mil 180 reais.

SARDENBERG – Então quem comprou ações da Petrobras com dinheiro do FGTS saltou de 1 mil para 12 mil.

MARA – Isso. E o rendimento do Fundo de Garantia neste período foi de 54,39%. Então quem tinha mil reais no Fundo e manteve o dinheiro lá, ficou com apenas 1.543 reais. Quer dizer, o custo de oportunidade de manter o dinheiro no FGTS é muito baixo. Mesmo com a queda da Petrobras, as pessoas que têm dinheiro aplicado em ações da empresa devem considerar que a opção de retornar traz rendimento baixíssimo. É prudente que os que queiram comprar um imóvel num prazo curto voltem para reduzir os riscos. Mas a Petrobras terá de derreter muito para chegar a perder do rendimento do FGTS.

SARDENBERG – E a Vale?

MARA – No caso da Vale a proporção é muito parecida. A oportunidade para aplicar dinheiro do FGTS nas ações da empresa foi aberta em fevereiro de 2002. Aqueles que aproveitaram e aplicaram mil reais naquela ocasião, hoje têm ações no valor de 11 mil reais. Os que mantiveram o dinheiro no FGTS acumularam apenas 1.431 reais.

Só para você, leitor

FGTS é a sigla do Fundo de Garantia do Tempo de Serviço. Trata-se de um direito do trabalhador que é contratado segundo as normas da Consolidação das Leis do Trabalho (CLT). Foi criado em 1966 e é formado por depósitos bancários feitos mensalmente pelas empresas em nome dos empregados. A lei obriga as companhias a depositarem 8% do salário de cada funcionário em conta vinculada ao contrato. Mas o trabalhador só pode utilizar o dinheiro em algumas circunstâncias, entre elas compra de imóvel, extinção da empresa e demissão sem justa causa.

O rendimento da conta do FGTS é extremamente baixo (TR mais 3% ao ano). Assim, a alternativa de investir em ações da Petrobras e da Vale foi muito oportuna. Permitiu que o trabalhador maximizasse ganhos, já que não pode dispor do dinheiro do Fundo de Garantia para outro tipo de aplicação.

O custo de oportunidade faz toda a diferença na hora em que você avalia uma aplicação. Na prática, é o que você poderia estar fazendo com seu dinheiro se ele não estivesse em determinado investimento. Na economia, o custo de oportunidade é a taxa básica de juro. Se ela está alta, não há muito incentivo para a busca de investimentos de maior risco, como as ações. Mas este é um aspecto a ser observado sempre – não apenas no caso de ações.

Lembre-se: as taxas de juro pagas pelo governo, embutidas nos papéis do Tesouro, oferecem menor risco. Assim, quando elas estão muito altas, há pouco incentivo para procurar alternativas de investimento. O custo de oportunidade do juro básico remunera o bastante para que você não precise se expor a mercados de maior oscilação.

Este foi um fator de relevo quando surgiram as chances de compra de ações com o dinheiro do FGTS. Como a alternativa para a aplicação tinha um rendimento pífio, o incentivo para comprar as ações era grande. No entanto, muita gente ficou fora por não ter tomado conhecimento ou por não ter tido acesso às informações corretas. Observe nos gráficos seguintes as vantagens dos que aderiram às ofertas.

Oportunidade lucrativa

Rendimento do investimento do FGTS em Petrobras e Vale e remuneração do saldo do Fundo de Garantia

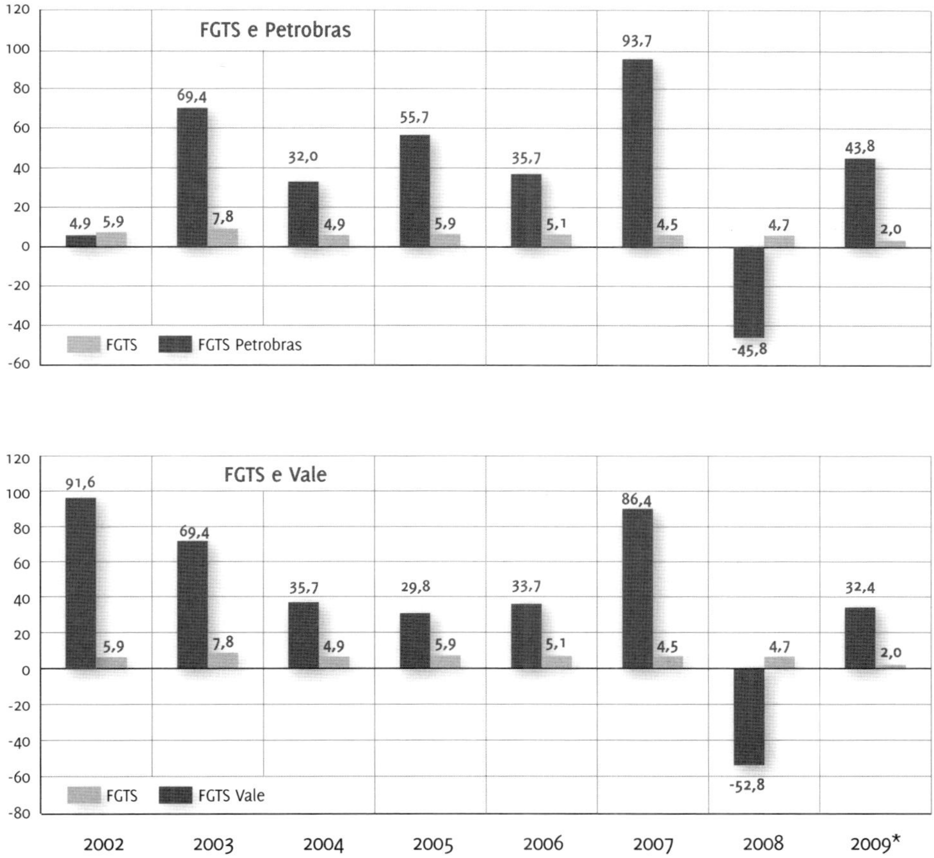

Fontes: Anbid e Banco Central
** até 21/07/2009*

Fique atento às novas oportunidades

Sempre que falamos sobre os fundos FGTS Vale e FGTS Petrobras recebemos muitos emails de ouvintes interessados nessas aplicações. Até o final de 2009, entretanto, a compra de ações com dinheiro do Fundo só foi permitida em duas ocasiões.

Em 2000 o governo autorizou a utilização do FGTS para a compra de ações da Petrobras, numa operação específica de oferta de papéis da empresa que estavam em poder da União. Medida semelhante foi adotada mais tarde em relação a ações da Vale.

A primeira operação, de papéis da Petrobras, foi alvo de campanha negativa, principalmente por parte de grupos políticos de oposição ao governo. É recomendável diferenciar a informação do barulho. No caso da Petrobras, quem se deixou levar pela propaganda contrária, se arrependeu.

Observe: os dois casos eram de empresas com qualidades incontestáveis, de setores importantes da economia e, para completar, as ações foram vendidas com desconto sobre o preço pelo qual eram negociadas na Bolsa. Em resumo, a oferta era muito boa – e pode ser que isso não venha a se repetir. Portanto, é preciso estar atento não apenas às notícias, para saber quando houver nova permissão de compra de ações com recursos do FGTS. É recomendável, se informar sobre a empresa e as condições de venda dos papéis.

Você terá que observar: a qualidade da empresa, o preço pelo qual as ações estão sendo oferecidas e quais as chances de você precisar utilizar o dinheiro do FGTS no curto prazo. Lembre-se: mesmo no caso do FGTS, não aplique em ações se souber que vai precisar dos recursos no curto prazo – ou seja, em menos de um ano.

Assim como você não deve deixar de comprar porque ouviu dizer... Também não deve comprar porque algum amigo ou parente ganhou muito dinheiro com ações. Avalie cada uma das operações antes de tomar sua decisão. ✓

Glossário

III TR - sigla de Taxa Referencial. É uma taxa de juro calculada a partir da remuneração mensal média líquida de impostos, dos depósitos a prazo fixo captados pelas instituições financeiras como os Certificados de Depósito Bancário (CDB), ou dos títulos públicos – conforme decisão do Conselho Monetário Nacional. É divulgada diariamente e vale por trinta dias.

13

Empresas fortes em áreas vulneráveis

SARDENBERG – A situação está feia. Parece que não vai piorar, mas piora. Hoje a Bolsa está com queda de 4%.

MARA – Para você, aí em Recife, está tudo bem... Aí não tem tempo ruim, não é?

SARDENBERG – Está chovendo... Olha, quando começa a desgraça é total: a Bolsa cai, dá tudo errado. Vim de carro de Maceió a Recife e choveu o tempo todo.

MARA – E a estrada é legal?

SARDENBERG – Não, não é. Tem um pedaço mais ou menos, mas no geral é ruim. É a infraestrutura brasileira...

MARA – Eu tenho vontade viajar de carro pelo Nordeste. Não me animo por causa disso. Mas vamos falar de Bolsa.

SARDENBERG – Está com queda de 4%!

MARA – Eu conversei com Rui Tabacov, um gestor de carteira. A empresa dele fica em Nova York e não tem posição em Brasil, quer dizer, não tem ações brasileiras. Tabacov diz o seguinte. Em dólar, a Bolsa brasileira subiu 20 vezes em cinco anos. A correção era esperada, teria de acontecer. Tabacov faz parte de um grupo de investidores que segue a filosofia do *value investing*, ou investimento de valor.

SARDENBERG – E o que é isso?

MARA – É a mesma filosofia do Warren Buffet. O que esses investidores procuram? Ações de empresas que tenham a maior margem de segurança possível. Eles não têm pressa para comprar ou para vender. Querem se associar a empresas e enriquecer assim. Tabacov fez uma observação importante. Disse que quando a Bolsa está em alta as pessoas sempre falam que têm um horizonte de longo prazo no investimento em ações, mas quando a Bolsa começa a cair todo mundo esquece do longo prazo.

SARDENBERG – Warren Buffet conta que as pessoas que compram ações da empresa dele dizem que só estão preocupadas com o longo prazo, mas passados alguns minutos perguntam: qual é a ação do trimestre? Porque ninguém gosta de ver seu dinheiro derreter.

MARA – Pois é, segundo o Rui Tabacov alguns investidores estrangeiros que partilham a filosofia do *value investing*, já começaram a comprar ações brasileiras. Mas esse grupo não enxerga vantagem competitiva nas commodities, e como no Brasil a Bolsa é fortemente ancorada em commodities, ainda deve derreter. É mesmo difícil ver o patrimônio diminuir...

SARDENBERG – Como diz um conhecido, a gente já estava acostumada àquele dinheiro, ele já era praticamente de casa, já era amigo da família...

MARA – É o efeito riqueza...

Só para você, leitor

As ações da Vale e da Petrobrás representam 33% do Ibovespa e, juntas, são responsáveis por cerca de 35% do movimento médio diário da Bolsa brasileira. A Vale é mineradora e a Petrobras é da área de combustíveis. Por isso é que se diz que a Bolsa brasileira depende muito do ciclo de preço das commodities: ambas são importantes no mercado e são genuínas representantes da área de commodities. Somadas a outras empresas do setor, como as de papel e celulose e siderurgia, as produtoras de commodities, que não apresentam diferenciais significativos e têm o preço definido no mercado internacional, são responsáveis por mais de 60% dos valores negociados na Bovespa. O gráfico e seguir mostra a importância de Petrobras e Vale no mercado acionário brasileiro.

O peso do que não se diferencia

Participação de Vale e Petrobras, produtoras de commodities, na Bovespa e no Ibovespa

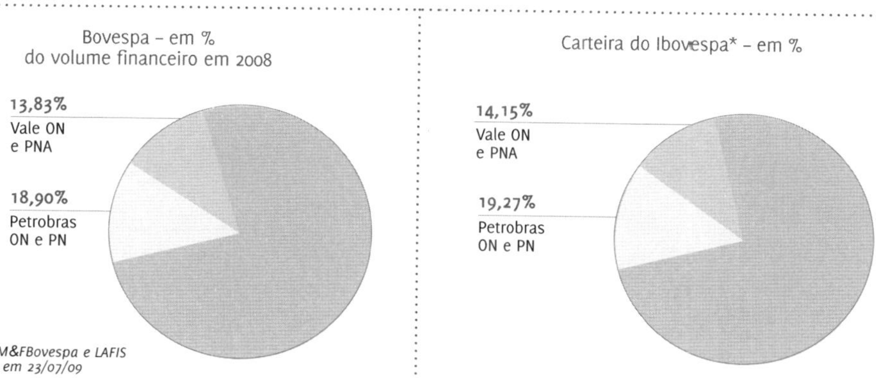

Fontes: BM&FBovespa e LAFIS
** posição em 23/07/09*

É preciso ter muita atenção ao olhar a Bolsa pelas lentes do Ibovespa. O principal índice da Bolsa brasileira é influenciado pelo que ocorre com o preço das commodities, fortemente relacionado ao crescimento mundial.

Nos últimos anos, o carro chefe da alta do mercado acionário do Brasil tem sido a economia da China. A intensa demanda dos chineses por commodities, para atender à sua produção incansável, catapultou os preços internacionais do petróleo, do minério, do aço, entre outros. A receita das exportadoras desses produtos engordou. No entanto, com o estouro da crise americana em 2008, a atividade econômica mundial desacelerou – o que impactou diretamente o consumo de commodities e, portanto, os resultados alcançados por seus produtores. O comportamento do preço de algumas commodities em tempos recentes pode ser observado nos gráficos da página seguinte.

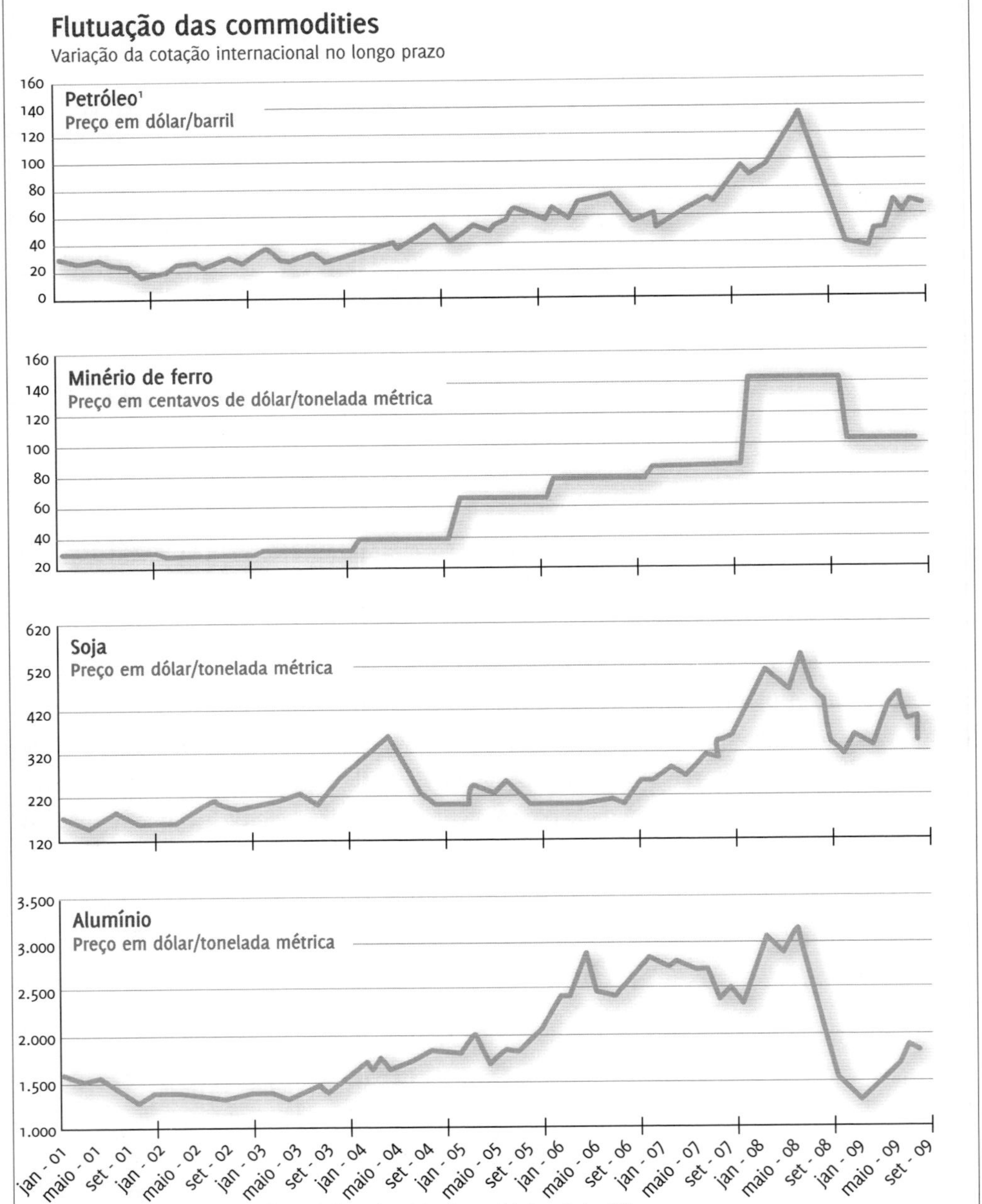

Fontes: Bolsa de Chigago, Bolsa de Metais de Londres, Bolsa Mercantil de Nova York e FMI

[1] West Texas Intermediate

Outros indicadores da Bolsa

Os índices de mercado são pontos de referência para suas aplicações. Eles dão uma ideia de como um grupo específico de ações se comportou em relação a outro grupo ou à sua própria carteira de ações. São calculados a partir de uma carteira virtual, ou seja, a carteira não existe na prática, mas acompanha um conjunto de ações para medir seu desempenho.

Principais índices utilizados no mercado

Índice	Descrição
Ibovespa	Mede o comportamento das ações mais negociadas na BM&FBovespa e é calculado pela própria instituição.
IBrX	Mede o desempenho das 100 ações mais negociadas na BM&F Bovespa, ponderadas por seu valor de mercado. É calculado pela própria BM&F Bovespa.
IEE	Mede o desempenho das ações das empresas de energia elétrica. É calculado pela BM&F Bovespa.
FGV-100	Acompanha o desempenho das 100 empresas privadas não financeiras mais capitalizadas na Bovespa. Bancos e estatais estão fora do índice calculado pela Fundação Getúlio Vargas.
Dow Jones Industrial Average (DJIA)	Mede o preço das 30 ações mais negociadas na Bolsa de Nova York.
Nasdaq Composite Index	Mede o valor de mercado das ações negociadas na Nasdaq, segunda maior bolsa americana, que reúne grande parte das empresas de tecnologia.
S&P 500	Mede o desempenho das 500 ações mais capitalizadas negociadas na Bolsa de Nova York e na Nasdaq. É calculado pela Standard & Poor's, uma das maiores agências de classificação de risco do mundo, divisão da McGraw-Hill, que publica análises financeiras, de ações, empresas, entre outras.

As ações cíclicas

O mercado chama as ações de empresas produtoras de commodities de ações cíclicas. São papéis do setor de siderurgia, papel e celulose e petroquímica, entre outras. Por que levam este nome? Porque a oferta de seus produtos é descontínua, evolui em saltos. Em geral, seu processo de produção exige elevados investimentos. Sempre que aumenta a demanda é necessário construir uma nova instalação – e como o processo é demorado, o preço sobe. Isso porque, você sabe, se a procura é maior do que a oferta, há uma pressão altista nos preços.

Apenas quando a nova planta entra em funcionamento a oferta aumenta para atender à demanda. Nesse momento, grande quantidade do produto é despejada no mercado. Então ocorre o movimento inverso: a oferta maior derruba o preço, que só se recupera quando a demanda aumenta novamente, o que pode levar alguns anos. Empresas produtoras de commodities têm suas ações chamadas de cíclicas, portanto, por seu desempenho ser indissoluvelmente ligado aos ciclos da economia.

Glossário

commodities - a palavra commodity, do inglês, significa mercadoria em português. É a denominação que se dá aos produtos de origem primária, em estado bruto, matérias-primas ou com pequeno grau de industrialização, de qualidade quase uniforme, oferecidos em grandes quantidades e por diferentes produtores em diversas partes do mundo. Como praticamente não há diferenciação entre o que se produz, o preço das commodities é definido pela variação da demanda no mercado internacional.

valor de mercado - número de ações da empresa em mercado multiplicado pelo preço da ação. Indica o quanto teria de ser desembolsado para comprar todas as ações da empresa. Ou seja, seu valor na Bolsa.

14

Afinal, a hora é de comprar ou vender?

SARDENBERG – Seguimos em nosso esforço para enlouquecer os ouvintes. Entrevistamos um analista que disse ser um bom negócio comprar ações, depois outro para quem a Bolsa ainda iria cair mais e, portanto, não era bom comprar ações. Hoje temos aqui um estudo do Citibank dizendo que há boas ações para comprar.

MARA – Os analistas do Citi fizeram um relatório sobre América Latina. O Citi é comprador. Os analistas acham que o momento de comprar chegou e dão os motivos. Basicamente, o principal é que as ações estão muito baratas. Eu olhei o mercado do Brasil e constatei que o preço caiu bastante. A medida usada pelo pessoal do Citi no relatório não foi só a relação de múltiplos, que historicamente estão muito baixos.

SARDENBERG – O que é isso?

MARA – Múltiplos são muito usados para avaliar se uma ação está cara ou barata. São contas que os analistas fazem para comparar ações. Um múltiplo bastante ultilizado, por exemplo, é o preço-lucro, ou seja, o valor do preço da ação em relação ao lucro da empresa. Segundo eles, esta relação está muito baixa. Fizeram uma lista enorme, e eu separei algumas ações, por **liquidez** e potencial de alta, para nós comentarmos.

SARDENBERG – Então vamos falar destas ações, porque o tempo é curto.

MARA – Petrobras PN. O preço-alvo que eles projetam é de 50 reais e o potencial de alta é de 81%.

SARDENBERG – Isso porque as ações da Petrobras estão uma mixaria.

MARA – Pois é. As ações da empresa estão muito baratas! Com a crise podem ficar ainda mais em conta, mas o fato é que já estão muito baratas. No setor financeiro. Bancos. Bradesco, com potencial de alta de 16%, Itaú com potencial de alta 50%. As ações do Itaú, por exemplo, caíram 32% nos últimos doze meses e são papéis sempre muito procurados, portanto com liquidez. Unibanco tem potencial de alta de 38%, Banco do Brasil de 34%, e Nossa Caixa tem potencial de alta de 41%.

SARDENBERG – Em resumo, eles recomendam praticamente todos os bancos.

MARA – Isso. O potencial de alta da Vale PNA é de 113%, da Vale ON é de 124%, da Usiminas é de 134%. Embraer – um ouvinte perguntou da Embraer – o potencial de alta da empresa, segundo os analistas do Citi, é de 81%. Cesp tem potencial de alta de 108%, Perdigão de 51%, Sadia de 59%. Você vê que são todas empresas conhecidas, que estão no dia a dia das pessoas.

SARDENBERG – E está tudo na bacia das almas.

MARA – Está tudo baratinho.

SARDENBERG – Por falar em Embraer, o Juliano, nosso ouvinte lá nos Estados Unidos, disse que a Sarah Palin, governadora do Alasca, foi recebida no aeroporto de Fairbanks. Desceu de um jato 190 da Embraer, operado pela Jet Blue, que recebeu enormes elogios da equipe da CNN que viajou a bordo da aeronave...

Só para você, leitor

As crises são ótimas oportunidades para você encontrar ações de empresas muito boas a preços compensadores. Uma forma de fazer esta peneira é ler relatórios de analistas. Em geral, quando a Bolsa atinge patamares muito baixos, esses relatórios com as pechinchas do mercado começam a proliferar. Mas atenção, os relatórios traduzem apenas a avaliação dos analistas e suas expectativas em relação a empresas. Devem ser vistos como indicação, nunca como garantia de retorno. As perspectivas projetadas podem ou não se confirmar.

Os gráficos a seguir exemplificam o comportamento das ações de alguns bancos entre 2008 e 2009. Vários analistas recomendam compra dessas ações, mas algumas tiveram resultado muito superior ao de outras.

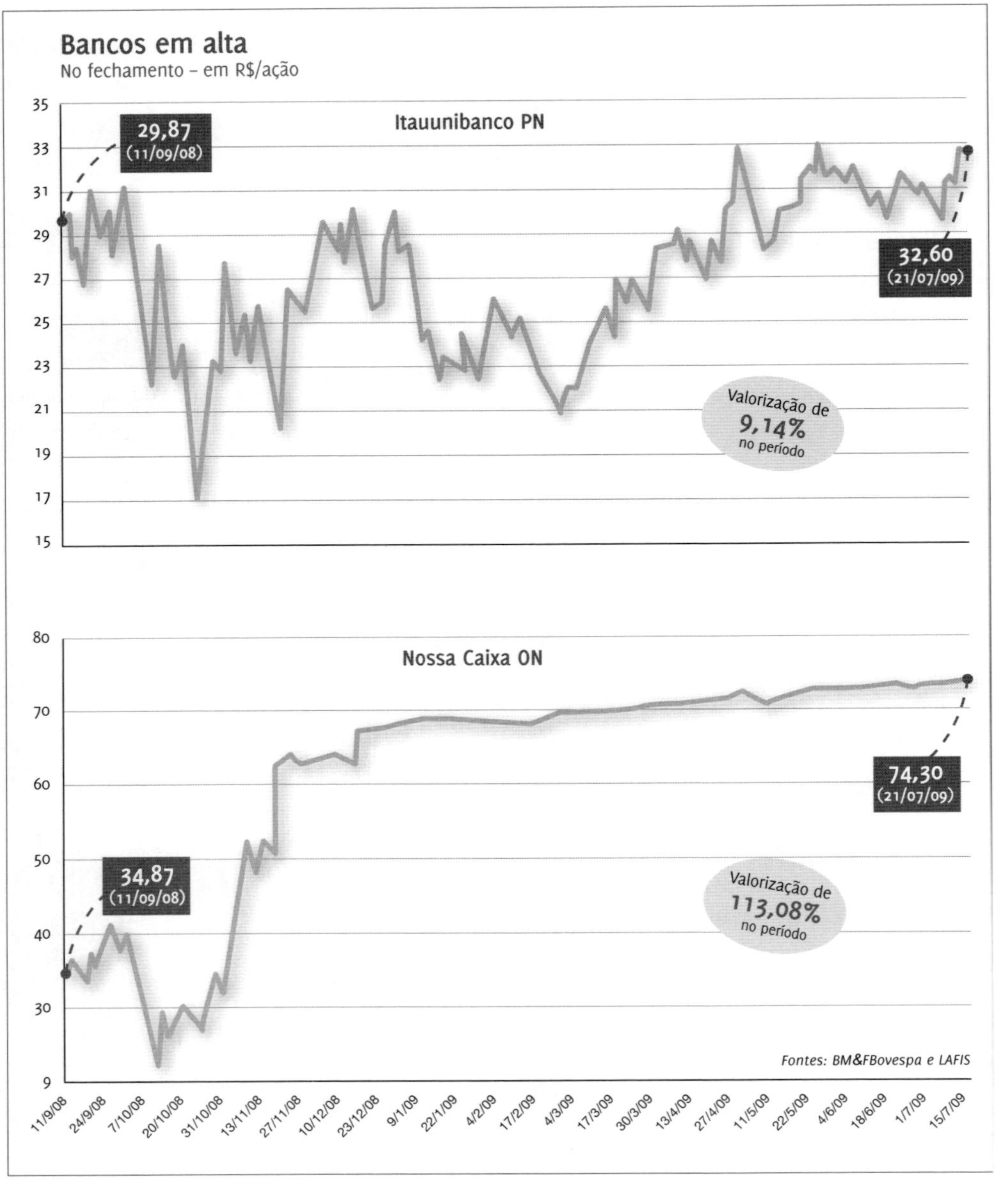

Bancos em alta
No fechamento – em R$/ação
Itauunibanco PN
29,87 (11/09/08)
32,60 (21/07/09)
Valorização de 9,14% no período
35
33
31
29
27
25
23
21
19
17
15
Nossa Caixa ON
34,87 (11/09/08)
74,30 (21/07/09)
Valorização de 113,08% no período
80
70
60
50
40
30
9
Fontes: BM&FBovespa e LAFIS
11/9/08
24/9/08
7/10/08
20/10/08
31/10/08
13/11/08
27/11/08
10/12/08
23/12/08
9/1/09
22/1/09
4/2/09
17/2/09
4/3/09
17/3/09
30/3/09
13/4/09
27/4/09
11/5/09
22/5/09
4/6/09
18/6/09
1/7/09
15/7/09

Como os analistas calculam o preço de uma ação?

Análise fundamentalista - é aquela em que o analista foca os aspectos operacionais e financeiros da companhia e faz uma projeção do fluxo de caixa. O preço justo de uma ação se fundamenta na expectativa de resultado futuro.

Quando estudam o fluxo de caixa descontado da empresa, os analistas observam o fluxo gerado pelas operações após o pagamento de juros, amortizações, investimento e imposto de renda. Querem perceber se o negócio em que a companhia atua estará crescendo nos anos seguintes, e se ela estará bem posicionada para desfrutar o aumento do mercado.

Para isso analisam o setor, suas perspectivas de crescimento e lucro, na tentativa de captar, antes de outros investidores, alguma informação sobre duas ou três variáveis que ainda não tenham sido precificadas pelo mercado. Nesses cálculos são utilizados os múltiplos das empresas.

Cálculos que ajudam a analisar as empresas

O que são múltiplos e alguns muito utilizados

Índice	Características
Preço/Lucro (PL)	Cotação da ação dividida pelo lucro da empresa por ação. Os analistas comparam o índice de uma empresa com o de outra do mesmo setor. Quanto mais baixo o índice, mais barata está a empresa.
Preço/Valor Patrimonial por Ação (P/VPA)	Preço da ação no mercado dividido pelo valor patrimonial por ação. A negociação por valor inferior ao patrimonial pode indicar que o preço da ação está baixo.
Preço/Vendas (P/V)	Preço da ação dividido pelo total de suas vendas. Quanto maior o resultado, mais cara está a ação.
Preço/EBITDA	EBITDA é a sigla para *Earnings Before Interest, Taxes, Depreciations & Amortization* (lucro antes dos juros, impostos, depreciação e amortização). É a medida do lucro da operação da empresa.
EV/EBITDA	*Enterprise Value* (EV) é a soma do valor de mercado da empresa, seus empréstimos e financiamentos, menos as aplicações financeiras. O múltiplo indica o prazo para o retorno do capital total.

Análise técnica – os analistas concentram-se na observação do comportamento histórico do preço das ações. A partir daí, procuram antecipar movimentos de mercado. É chamada também de análise gráfica, porque seus adeptos dizem que os gráficos dos preços das ações espelham o comportamento da massa, ou seja, a média das opiniões dos participantes do mercado. A análise técnica pressupõe que o preço pelo qual a ação é negociada embute todas as informações disponíveis sobre a empresa.

III Gráficos na análise técnica

As figuras formadas pelos gráficos são a matéria prima dos analistas gráficos.

Um retângulo, você sabe, é uma figura geométrica, um quadrilátero cujos ângulos são retos. Mas quando o analista técnico olha um retângulo, pode enxergar uma estrela cadente, um homem enforcado, um mulher grávida, um martelo e muito mais. A metáfora pode render muito na Bolsa de Valores.

Num gráfico com histórico do preço de ações, uma sequência de retas com um retângulo ao final (forma que os analistas chamam de estrela cadente) sinaliza tendência de alta. Um homem enforcado (uma reta com um retângulo na ponta) mostra que o mercado abriu e negocia próximo da cotação máxima. Já a mulher grávida (uma sequência de retas, um retângulo na vertical seguido de outro na horizontal) mostra que há equilíbrio entre compradores e vendedores e que a tendência predominante perdeu força. Cuidado com o martelo (uma reta com um retângulo na horizontal na ponta): mercado tendendo à baixa.

Você pode encontrar informações detalhadas sobre este tipo de análise no livro "Comprar ou vender, como investir na Bolsa utilizando a análise gráfica", de Eduardo Matsura. Além de formação pelo Instituto Tecnológico de Aeronáutica, o ITA, ele possui MBA em Finanças pelo Ibmec São Paulo, é analista credenciado pela CVM e dirige a CMA Educacional, que presta serviços de treinamento para investidores.

Tristes enganos

"Comprei Lojas Americanas orientado pela Mara no seu programa, em abril, por 12 reais. Hoje está a 4 reais".

O email acima foi enviado por um ouvinte em outubro de 2008, no auge da crise, e espelha bem alguns erros que a interpretação enganosa da informação pode proporcionar. O boletim a que ele se refere foi ao ar por ocasião da semana da Páscoa. Tratava de análises de corretoras com recomendação de compra para as ações da Lojas Americanas, dada a expectativa de aumento do consumo interno. O mercado brasileiro estava no seu pico, depois de acumular cinco anos de altas consecutivas. A ação sofreu com a crise, mas desde outubro de 2008, quando o email de desabafo foi enviado, até julho de 2009, as ações acumulavam 125% de alta.

Você nunca deve esquecer alguns pontos fundamentais:

- Jornalistas não podem indicar investimentos. A indicação não foi da Mara e sim de uma corretora de investimento.
- Esperar retorno de um investimento em menos de seis meses é especulação de curtíssimo prazo!
- Desprezar uma empresa apenas porque foi afetada pelo pânico do mercado é, no minimo, decisão apressada. Em junho de 2009, as ações da Lojas Americanas permaneciam com recomendação de compra de muitos analistas.

O gráfico da página seguinte mostra a variação das ações da Lojas Americanas em cerca de um ano e meio de crise – e sua tendência de recuperação. ✓

Ação em recuperação

O comportamento dos papéis da Lojas Americanas – em R$/ação no fim do período

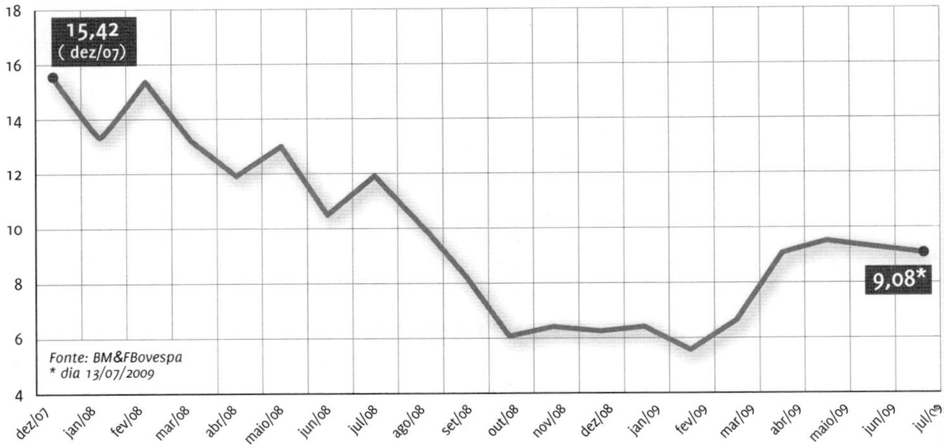

Glossário

liquidez - propriedade do que é facilmente negociável. Ações mais líquidas são aquelas mais fáceis de vender e comprar e, portanto, mais negociadas. A baixa liquidez é um fator de risco para uma ação. Isso porque é mais fácil vender ações mais líquidas numa crise, por exemplo. Por embutirem um risco mais elevado, as ações de menor liquidez ou de segunda linha, como também são chamadas, em muitos casos apresentam potencial maior de valorização.

fluxo de caixa - pagamento e/ou recebimento efetivo de dinheiro por uma empresa. Para que as disponibilidades coincidam com momentos de aquisição de bens, e não haja dificuldades futuras para honrar compromissos, é preciso planejamento financeiro e boa administração. Perspectivas de fluxo de caixa positivo são indicadores favoráveis acerca do futuro de uma companhia e da valorização de suas ações.

15

Jogo de muitos erros

SARDENBERG – Temos hoje um festival de erros em investimentos.

MARA – Colecionei um padrão de histórias a partir dos últimos emails enviados pelos ouvintes.

SARDENBERG – Todas sobre investimentos em Bolsa.

MARA – Quando a Bolsa está em alta, todo mundo manda emails pedindo dicas de ações para comprar. Com a baixa as mensagens são para partilhar a dor da perda. Daí eu tirei um padrão dos erros cometidos. Fiquei até triste, porque sempre falamos desses erros e mesmo assim muita gente cometeu os mesmos enganos. Primeiro observei que a maioria das pessoas chegou a ganhar dinheiro com ações. É gente que entrou no mercado há mais ou menos dois anos, maravilhada. Porque a Bolsa em alta realmente provoca essa emoção.

SARDENBERG – É a boa sensação do ganho fácil!!!

MARA – Bolsa em alta deixa qualquer um fascinado. O que essas pessoas fizeram? Colocaram todo o dinheiro em ações. O primeiro erro dessa turma foi a concentração excessiva. Existem casos de gente que até tomou empréstimos para investir em Bolsa. O segundo erro comum é o daquelas pessoas que entregaram o dinheiro ao cunhado...

SARDENBERG – Aí vamos nós novamente...

MARA – É verdade. É enorme o número de pessoas que entregou a poupança para o cunhado investir. Em geral, não sabem sequer no que investiram: simplesmente entregaram o dinheiro para o cunhado aplicar na Bolsa, sem ter noção de como é esse mercado. Outro erro comum é o daqueles que investiram na Bolsa dinheiro de curto prazo. É exemplar o caso de um rapaz que ia casar, precisava comprar apartamento, e resgatou suas ações na época de baixa, com prejuízo. Outro ouvinte sabia que precisaria dos recursos para terminar a reforma da casa, e ainda assim aplicou na Bolsa – sendo forçado a vender ações com prejuízo para cumprir suas obrigações. Você acredita que tem até gente que se alavancou e investiu dinheiro de parente?

SARDENBERG – Estes estão tranquilos, porque não arricaram seu dinheiro...

MARA – Não, Sardenberg, investiram dinheiro próprio e de parentes. Foram seduzidos pela alta e sequer passou pela sua cabeça que tudo estava fácil demais. Quais os grandes erros que cometeram? São dois. Primeiro: investir em Bolsa dinheiro comprometido no curto prazo, pois o resgate pode ter de ser feito em época de baixa, com prejuízo. Segundo: quando as ações ficam depreciadas, quem perdeu em aplicações anteriores, ou está com a carteira fortemente concentrada em ações, não tem recursos para comprar novos papéis. É importante aprender que Bolsa sobe, mas também cai. Pode parecer ironia, mas muitas pessoas perdem momentos ótimos para comprar ações porque estão concentradas demais em Bolsa.

Só para você, leitor

Uma forma eficiente de não escorregar no terreno dos investimentos é conhecer exatamente de onde vem a rentabilidade de suas aplicações. Ou seja, saber qual o risco a que você tem de se expor para obter determinado retorno. Sim, há riscos. O risco existe em qualquer investimento, por mais conservador que seja. Com o mercado de ações não é diferente. Ação é um dos investimentos de maior risco, principalmente no curto prazo. Isso porque o retorno depende basicamente do sucesso da empresa de que você comprou ações. E não é possível adivinhar qual será o futuro: o máximo que os analistas conseguem é projetar um desempenho a partir da análise da administração, do setor e da expectativa de crescimento dos países onde a empresa opera ou com os quais mantém relações comerciais.

São muitas as incertezas. Já com um título de renda fixa, por exemplo, o principal risco é saber se a empresa, o banco, o governo, ou qualquer outro agente para quem você emprestou dinheiro, será capaz de pagar, na data combinada, o empréstimo e o juro acordado. Assim fica fácil entender porque as aplicações em renda fixa são consideradas mais conservadoras.

É claro que emprestar para um mau pagador é muito mais arriscado do que comprar ações de uma grande empresa, líder em seu mercado e com lucros crescentes. Por isso, tente sempre entender onde está o risco de sua aplicação. Este cuidado vai lhe ajudar a saber se está confortável em assumir este risco e quanto de suas economias você poderá destinar a tal aplicação sem comprometer sua saúde financeira.

Investir um tempo para pensar sobre o risco, portanto, é parte fundamental para o sucesso de seu investimento. Em síntese, o risco pode ser traduzido na possibilidade de você não conseguir atingir seus objetivos.

Quando compra uma ação você quer ganhar com a valorização do papel. Se a empresa quebrar, você perde seu investimento, pois as ações passam a valer nada. Este é o maior risco no mercado de ações. Mas há outros a ponderar – e todos vão impactar o preço da ação. Num cenário de desaceleração da economia, por exemplo, o preço das ações tende a cair porque a receita e o lucro das empresas entram em declínio.

Outro risco é do próprio negócio da empresa, ou seja, de o setor em que ela atua entrar em decadência. Há também o risco de a administração ser ruim, isto é, a gestão não ser eficiente – neste caso, os lucros baixos obtidos no negócio tendem a ser incompatíveis com seus investimentos.

Por fim, há o risco da taxa de juro. A elevação do juro tende a provocar queda no preço das ações. Quando a renda fixa passa a competir mais fortemente com a Bolsa, mais investidores tendem buscar aplicações que paguem taxas elevadas, num movimento de venda que pressiona o preço das ações para baixo. Isso porque os títulos de renda fixa, aplicações mais conservadoras, passam a ter retornos maiores, o que retira investimentos da Bolsa. Com mais vendedores do que compradores, os preços das ações despencam. Afinal, por que entrar em mercado de maior risco, como a Bolsa, se a taxa de juro já traz remuneração vistosa?

Vender na alta

Para ter sucesso numa aplicação em Bolsa é preciso que ao vender, sua ação tenha um preço maior do que aquele que você pagou. Vender na alta, portanto, significa se desfazer do papel com um ganho acumulado que lhe deixe mais perto do seu objetivo.

Calcule você mesmo o ganho de suas ações a partir do exemplo abaixo:

Acerto de contas

A – último preço da ação	XXXXXXXX
B – preço de compra da ação	XXXXXXXX
Cálculo: rentabilidade em %	(A/B-1) x100
Exemplo	
A – último preço da ação	R$ 3,00
B – preço de compra da ação	R$ 2,00
Cálculo: rentabilidade em %	[(A/B-1)x100] = R$ 50,00

Quando se desfazer de suas ações

O principal sinalizador do momento ideal de venda deve ser seu objetivo de investimento. Talvez você não precise vender nunca e viva com os dividendos pagos por suas ações. Portanto, as informações de mercado e as opiniões de analistas devem ser confrontadas com seus objetivos. De que adianta você comprar uma ação barata, de uma boa empresa, se vai precisar do dinheiro em menos de um ano? Estará correndo um risco grande porque tem data para vender os papéis e o prazo é pequeno. Ou seja, se houver uma crise, você não terá tempo para aguardar o estresse passar e se desfazer de suas ações a preço melhor. Mas há uma situação ainda pior. Quando você compra uma ação que já está cara e precisa vendê-la no curto prazo.

Assim, fique de olho nas empresas em que investiu, no mercado, na economia, mas também na sua meta. Se você está guardando dinheiro para comprar casa própria e tem uma parcela aplicada em ações, fique atento ao prazo. Quando faltar menos de doze meses para a compra, comece, aos poucos, a transferir recursos da renda variável (as ações) para a carteira de renda fixa.

Cada qual tem seus objetivos

É comum ouvintes escreverem para saber se é um bom momento para comprar ações ou se já está na hora de vender seus papéis. Só você pode saber a melhor ocasião – tanto para comprar como para vender suas ações.

Uma estratégia recomendada por alguns analistas é comprar sempre e formar um preço médio pessoal, particular de sua carteira. Esta estratégia é conhecida no mercado americano como **dollar cost averaging**. Consiste basicamente em aplicar um valor fixo de recursos em espaços de tempo regulares. Você estabelece a quantia e todo mês compra ações ou aplica num fundo de ações. No mês em que a Bolsa estiver em alta, esta quantia comprará um determinado número de papéis. Quando estiver em baixa, o mesmo valor em dinheiro trará mais ações para sua carteira. Assim você formará um preço médio.

A mesma estratégia poderá ser adotada quando você quiser sair da Bolsa. Ou seja, paulatinamente, vendendo aos poucos, você forma um preço médio de venda.

Os gráficos da página seguinte são exercícios hipotéticos. Mostram a variação dos rendimentos de uma pessoa que tivesse aplicado 300 reais mensalmente, entre 1994 e 2009, em ações de grandes empresas e no Ibovespa.

Uma observação importante: procure comprar na baixa e não no fundo do poço. Da mesma forma, venda na alta e não no topo. Isso porque é muito difícil comprar uma ação no preço mais baixo e vendê-la no preço mais alto. Se algum dia você conseguir tamanha façanha pode apostar que não haverá segunda vez. Nem mesmo profissionais treinados e com equipes de analistas trabalhando integralmente com eles conseguem esta proeza. ✓

Lucros no largo curso

Variações dos rendimentos de aplicações em ações de empresas fortes no longo prazo – em R$

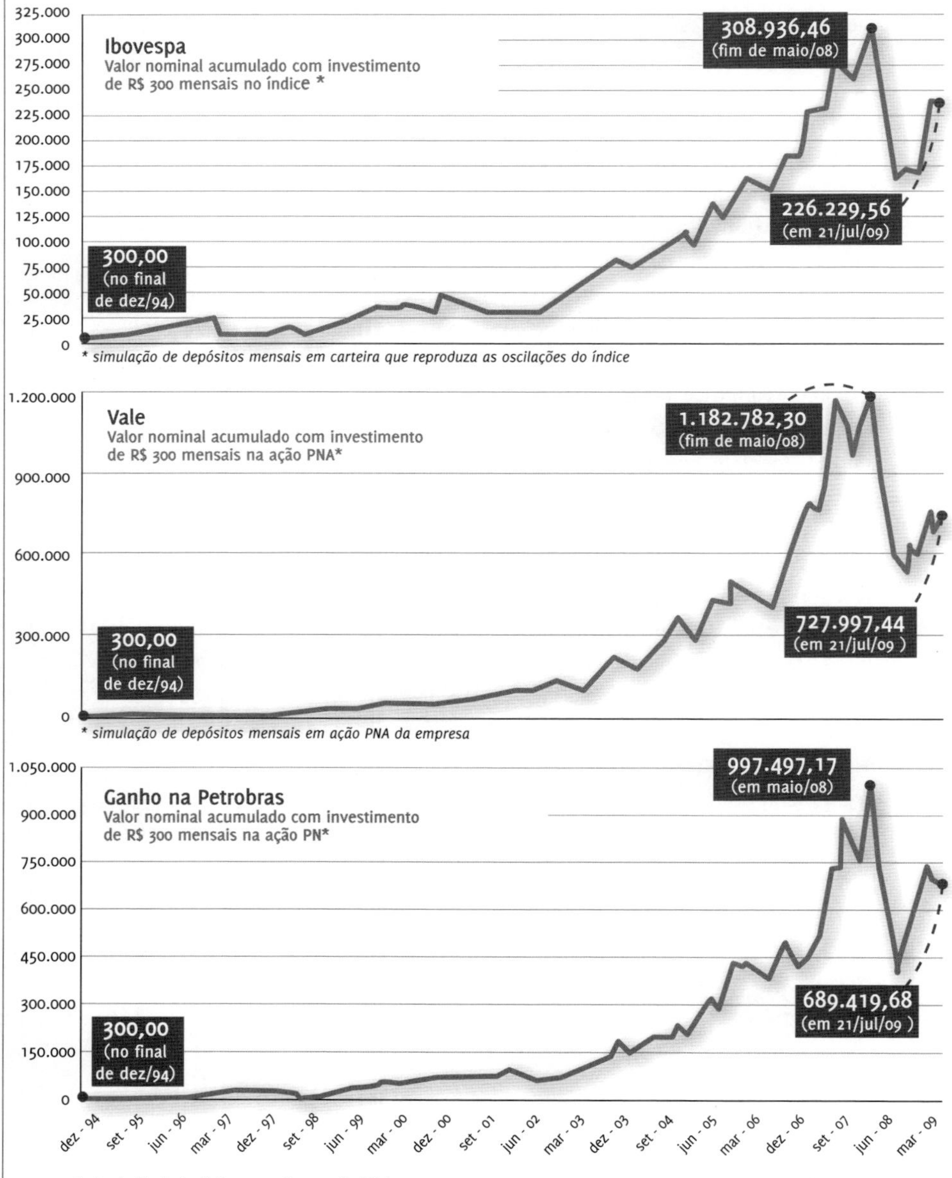

** simulação de depósitos mensais em ação PN da empresa*

Fonte: BM&FBovespa e LAFIS

Glossário

dividendos - parte do lucro da empresa que é distribuída aos acionistas. Saiba mais nos capítulos 4, 11, 15 e 19.

dollar cost averaging - também chamado de *constant dollar plan*, é um método de investimento onde se mantém um quociente predeterminado para as aplicações. Utilizado de forma balanceada, em ações e em renda fixa, reduz os riscos de perda por variações do mercado.

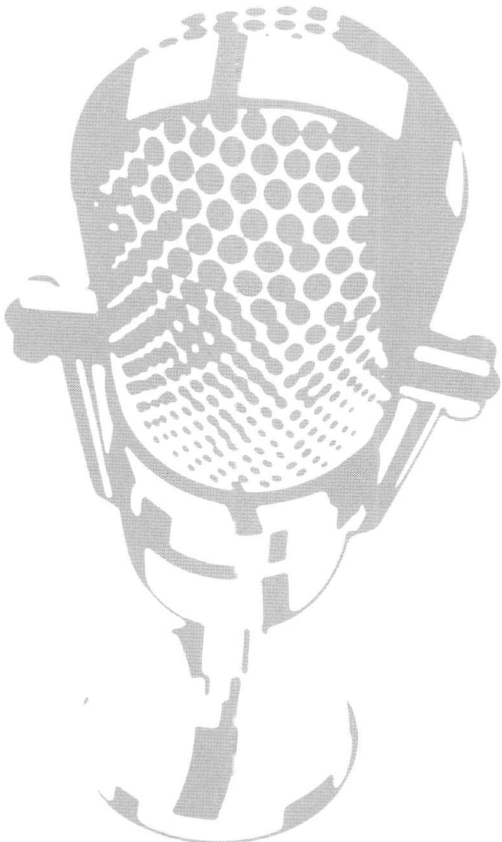

16

O que fazer se todos entram em pânico?

SARDENBERG – Mara, nossos ouvintes continuam preocupados. Ontem parecia que a situação iria melhorar, mas não. Hoje...

MARA – A coisa está feia... A Luiza de Belo Horizonte diz que um amigo vendeu a casa para comprar ações.

SARDENBERG – Nossa! Vai morar embaixo de um viaduto...

MARA – Sardenberg!! O problema é que a Bolsa em alta deixa todo mundo feliz. Aí as pessoas começam a cometer loucuras. Vínhamos falando de risco, então vamos lá. É preciso entender os riscos para não fazer bobagens. É claro que a situação é difícil. A maior economia do mundo está em crise. A Rússia também está com problemas, com os fundos derivativos num processo de desalavancagem, chamando margem. Quando os fundos começam a desmontar suas operações de alavancagem derrubam tudo, deflagram uma sensação geral de pânico e o mercado é pressionado para baixo.

SARDENBERG – Vamos explicar isso. O fundo toma dinheiro emprestado e aplica. Então, num determinado momento, nessas crises, não consegue refinanciar o empréstimo.

MARA – O fundo dá uma garantia quando toma dinheiro emprestado – em geral as ações de sua carteira. Se a garantia perde valor, é preciso chamar margem, ou seja, colocar mais dinheiro. Mas não há mais dinheiro. Então o fundo vende as ações a qualquer preço.

SARDENBERG – Os fundos vendem as ações para pagar quem financiou a operação de compra. Como vendem a qualquer preço, porque têm pressa, derrubam os preços dos papéis.

MARA – E isso não tem relação direta e necessária com problemas nos fundamentos das empresas ou na economia como um todo. Eu conversei com Emílio Garófalo, especialista em câmbio que foi diretor de área externa do Banco Central. Ele acha que a Bolsa está reagindo muito forte, com muito desespero, que não existem razões para esse comportamento. Para saber se deve continuar com sua aplicação, e evitar sair simplesmente vendendo a qualquer preço, é importante que você busque conhecer o risco que corre.

Só para você, leitor

No primeiro semestre de 2008 fizemos boletins com opiniões de alguns analistas brasileiros e estrangeiros – que estavam bastante pessimistas. Mas falar em baixa quando o mercado está no topo da euforia parece tão irreal que é difícil levar a sério. Algo semelhante ocorre quando, no meio da crise, alguém afirma que o mercado voltará a subir.

Estes momentos de euforia são muito férteis para que investidores e gestores de carteira recorram a operações de alavancagem para aumentar o retorno de suas aplicações. Por que isso ocorre? Porque como os ativos já atingiram preço elevado, o espaço para novas altas vai se reduzindo. Assim, a sedução da alavancagem aumenta.

Como se explica esse comportamento? Bem, porque com a alavancagem existe a possibilidade de inflar os ganhos. A alavancagem é um dos pontos que mais fascinam e assustam no mercado. Os contratos de derivativos permitem fazer esse tipo de operação com agilidade, pois quando negociados em Bolsa são padronizados e têm liquidez.

O fantástico é que tais operações podem resultar em ganhos fenomenais em curtíssimo espaço de tempo. O assustador é que têm potencial para arruinar suas finanças de forma igualmente veloz. Portanto, se quiser transitar no terreno da alavancagem dedique apenas uma pequena parcela de seu capital a essas operações. Digamos: o suficiente para engordar sua carteira se você for bem sucedido, mas não o bastante para arruiná-lo se os mercados forem contra suas posições.

Na prática, a alavancagem funciona como se o investidor tivesse tomado um empréstimo. Quanto maior o volume desse empréstimo, maior seu risco.

Momentos em que os fundamentos estão bons e o mercado cai são excepcionais para comprar ações. Processos de desalavancagem em geral conseguem essa combinação.

Numa crise, cuide de sua saúde

"Como investidor é vital separar o que você controla daquilo que está absolutamente fora do seu controle."

A frase é do professor Adam Galink, da Northwestern University, que vem estudando o comportamento de investidores durante a crise deflagrada pelas hipotecas americanas em 2008. E no meio de uma crise a única certeza que se tem é a de que as ações ficam cada vez mais baratas.

Você não pode controlar se o mercado vai continuar em pânico, se a recessão será profunda, se pacotes de ajuda serão suficientes. Mas pode, sim, controlar suas próprias respostas.

Ocorre que tamanha racionalidade não combina com o movimento diário de ações despencando. Veja no gráfico a seguir como esses momentos podem ser cruéis.

Uma forma de resgatar o autocontrole é focar em seus valores pessoais, na sua família e nas coisas boas da vida. No estudo *From Bourbon Street to Wall Street: Managing the Emotional Consequences of the Financial Crisis, Lessons Learned in Natural Disasters,* os professores Steven M. Crimando e Cynthia L. Simeone, ambos da empresa de consultoria americana Extreme Behavioral Risk Management, afirmam que numa crise financeira os impactos psicológicos não podem ser ignorados ou minimizados. Suas recomendações:

- limite sua exposição a novas histórias e constantes alertas sobre a situação;
- evite rumores e boatos e procure informações de fontes confiáveis;
- tente manter uma rotina, mesmo que seja preciso criar uma nova;
- faça exercícios físicos, alimente-se bem e descanse;
- mantenha-se ocupado física e mentalmente.

O estudo traz uma analogia entre crises financeiras e desastres naturais e identifica alguns comportamentos semelhantes nas duas situações. Crimando e Simeone classificam as reações em quatro tipos: físicas, cognitivas, de comportamento e emocionais. Os sintomas de cada uma são os seguintes.

Físicas:
- Insônia
- Perda de apetite
- Dor de cabeça
- Fadiga
- Pressão alta

Cognitivas:
- Problemas de memória
- Queda na produtividade
- Pesadelos recorrentes

Comportamentais:
- Aumento do uso de álcool e drogas
- Tensão
- Nervosismo

Emocionais:
- Depressão
- Culpa
- Vergonha
- Pessimismo
- Intolerância

Histórias de ouvintes

Sensatez e caldo de galinha

Num dos boletins que foram ao ar no auge da alta da Bolsa, durante o primeiro semestre de 2008, falamos sobre as previsões de Marcelo Ribeiro, estrategista da Pentágono Asset. Ele antecipava que o Ibovespa chegaria, ainda naquele ano, a 40 mil pontos.

Então um ouvinte escreveu indignado:

"Se a Bolsa cair para 40 mil pontos, eu vendo tudo e compro ações".

Mas quando a crise chega são poucos aqueles que lembram de que um dia a Bolsa esteve em alta. Além disso, nada garante que a crise passará tão rápido quanto se imagina ou deseja. Manter o sangue-frio quando as ações estão despencando é extremamente rentável, mas igualmente difícil.

Bem, o fato é que o Ibovespa chegou aos 39 mil pontos no segundo semestre. Escrevi ao ouvinte perguntando se ele havia cumprido a promessa de vender tudo e comprar ações. Sensato, ele não o fez. Afinal, esta seria uma decisão extrema e contra os princípios de investimentos bem sucedidos. Porque mesmo com ações muito baratas, ninguém é capaz de adivinhar quando a crise se vai – e ela pode durar mais do que sua saúde financeira aguenta.

Daí o conselho dos analistas: diversifique sempre. E para não comprometer sua saúde física, mental e financeira, nunca é demais lembrar: deixe na Bolsa apenas o dinheiro que não tem data marcada para resgate. ✓

Glossário

- **desalavancagem** - é o contrário da alavancagem, ou seja, o processo pelo qual você tem que desmontar as operações em que fez investimentos com recursos de terceiros. Na prática, é o pagamento de empréstimos.

- **chamando margem** - margem é uma garantia em dinheiro, títulos ou fiança bancária, de acordo com os critérios fixados pela Bolsa, que deve ser mantida até o vencimento ou a liquidação do contrato (a termo, futuro ou de opções). Quando há uma desvalorização muito forte do ativo, é feita uma chamada de margem, ou seja, um aumento da garantia. Nesses momentos muitos gestores de *hedge funds*, carteiras que operam contratos de derivativos e tomam posições alavancadas, precisam vender os ativos que têm na carteira rapidamente. Assim, aumentam a oferta e derrubam os preços nos mercados.

17

Quanto custa seu investimento?

SARDENBERG – Você sabia que pode ver a Mara Luquet pela internet, ao vivo e em cores, no nosso programa da CBN? Pois então vamos começar. Mara, as agências estão informando que o Congresso dos Estados Unidos anuncia um acordo sobre o pacote de medidas contra a crise financeira. Isso muda um pouco as coisas...

MARA – Parece que sim. Hoje a Bolsa está subindo no Brasil e nos Estados Unidos. É interessante mostrar como isso acontece, como tudo muda tão rapidamente. Tivemos ontem aquela ouvinte interessada em operar a alta e baixa do mercado.

SARDENBERG – Ela teria feito bem se tivesse comprado ações ontem e anteontem

MARA – E vendido hoje. Correndo. Porque essa expectativa do pacote americano, a forma como ele será detalhado, vai movimentar muito a Bolsa, vai provocar grandes oscilações. Como se diz no mercado, os investidores estão operando o pacote – especulando sobre se ele vem, qual será seu formato, se será aprovado, se surtirá efeito. Eu conversei com José Eduardo Martins, que cuida da fortuna de algumas das famílias mais ricas do Brasil. Entre outras ele disse uma coisa que me chamou a atenção. Há dois tipos de investidor neste momento: o que não sabe o que vai acontecer e aquele que ainda não se deu conta de que não sabe o que vai acontecer. Porque as incertezas são muitas. É difícil operar num mercado nessas condições. Isso é para profissional. José Eduardo Martins é sócio da GPS e de outra empresa, chamada CFO, que cuida de menos abastados, gente que tem a partir de 300 mil reais para investir. Eu perguntei a ele: e quem tem 100 mil reais?

SARDENBERG – E o que ele disse?

MARA – Segundo ele, o melhor investimento para quem tem 100 mil reais...

SARDENBERG – É poupança?

MARA – Não, Sardenberg! Ele diz que o melhor investimento para quem tem pouco dinheiro é gastar menos. Porque sem ter como acessar produtos diferenciados o grande negócio é conseguir reduzir custo. Por exemplo, concentrando os recursos em um fundo DI barato.

SARDENBERG – O que é isso?

MARA – É fundo de renda fixa pós-fixado com taxa de administração muito baixa, de 0,5% ao ano. Porque a taxa de juro no Brasil ainda oferece bom retorno com risco pequeno. Se concentrar o dinheiro em um fundo de renda fixa com baixo custo de administração, a pessoa terá maiores ganhos.

SARDENBERG – Então tem que concentrar.

MARA – Segundo ele sim, porque esta é uma forma de baratear os custos da aplicação. O investidor pequeno tem de prestar muita atenção. Terá um bom ganho se deixar de pagar 4% de taxa de administração.

SARDENBERG – É verdade.

MARA – Outro ponto para o qual José Eduardo Martins chamou atenção: gestores de *hedge funds,* os fundos multimercado que ficaram muito populares no Brasil nos últimos anos. Quando o mercado está em alta, todos parecem ser brilhantes, mas são poucos os que conseguem entregar. Ele contou que estava em uma reunião com alguns gestores. Ali, ouviu o seguinte: os gestores estavam ficando conservadores. E respondeu dizendo que não queria que um gestor de *hedge fund* ficasse conservador. Sabe porque? Porque paga 2 com 20, ou 2% de taxa de administração, além de 20% de taxa de performance – e investimentos em renda fixa, mais conservadores, são muito mais baratos. O que ele espera do gestor é que ele banque o mercado, que vá atrás de oportunidades. Enxergue a crise como oportunidade. Se for para ficar na renda fixa, prefere aplicar num fundo DI. Qual a leitura que podemos fazer dessa história? Que sem acesso a produtos diferenciados, sofisticados, a custo baixo, o melhor é uma alocação simples, barata, que trará um ganho muito bom.

Sardenberg – E se a pessoa acha que a crise vai se resolver, a Petrobras voltará a ser o que era, e compra tudo em ações da Petrobras?

Mara – Tudo não, Sardenberg! Não é assim! Já dissemos muitas vezes que é preciso ter uma carteira diversificada de investimentos.

Sardenberg – Não, quando falo tudo, estou me referindo a tudo o que a pessoa tem para investir em ações.

Mara – Ah, bom... Tudo o que vai investir em ações... Por exemplo, esta pessoa quer ter pelo menos 10% de seus investimentos em ações. Por quê? Porque o mercado de ações no Brasil está barato, tem boas empresas com perspectiva de crescimento, ou seja, este é um bom momento para comprar ações baratas. Muito bem. Mas neste caso, tendo muito ou pouco dinheiro, se concentrar o investimento no mercado acionário vai errar. Ninguém sabe quando e como termina uma crise – nem nós, nem o secretário do Tesouro dos Estados Unidos e pai do plano de salvação financeira do país, Henry Paulson, nem Warren Buffet. O que se sabe é que as ações ficam baratas e então podemos nos posicionar. Comprar Petrobras, por exemplo. Mas lembre que o dinheiro que se investe em Bolsa é aquele de que você não vai precisar, porque assim você pode esperar para realizar lucro.

Sardenberg – É isso aí!

Só para você, leitor

O custo das aplicações não deve ser subestimado. Investidores que têm giro alto na carteira de ações, aqueles que trocam de papéis todos os dias ou todos os meses, entregam boa parte do ganho com a valorização da carteira em taxas de corretagens, pois sempre que compram e vendem um papel arcam com custos. E quanto menor for a aplicação, maior o peso desses custos. Um exemplo: fundos de investimento costumam ter taxa de administração maior para aplicações menores. Por isso, muita atenção.

Assim como é importante diversificar suas aplicações para conseguir retorno maior com risco equilibrado, também é verdade que, se não tomar cuidado, poderá diversificar em excesso, aumentando os custos a um ponto em que acabará entregando uma boa fatia de seus rendimentos para pagar despesas de corretagem, taxa de administração, etc.

Há basicamente duas classes de ativos que sua carteira não pode deixar de contemplar: ações e títulos de renda fixa. Na primeira você deve colocar aplicações de longo prazo. Na segunda ficará a maior parte de seus recursos, porque a renda fixa é a parcela conservadora, o colchão que lhe dará conforto e estabilidade para que você possa esperar o melhor momento para vender suas ações com lucro. No entanto, feitas as contas e ponderados os custos, é claro que você poderá aumentar a diversificação de sua carteira aplicando em outras classes de ativos.

Uma alternativa, nessa linha, é o PIBB (Papéis de Índice Brasil Bovespa). PIBBs são cotas de um fundo lançado pelo Banco Nacional de Desenvolvimento Econômico e Social (BNDES) em 2004 e em 2006 para atrair pequenos investidores para o mercado de ações – e que atualmente só podem ser adquiridas em Bolsa (código PIBB11). Comprar cotas do PIBB, portanto, é como adquirir ações. A operação pode ser feita por Home Broker ou corretoras. O custo de administração é baixo: 0,059% ao ano, quando a média cobrada nos fundos tradicionais é de 4%. Mas lembre-se: você precisará pagar os custos de corretagem.

Outra vantagem é que, ao adquirir cotas do PIBB, você diversifica sua carteira. O fundo tem sua composição baseada no IBrX-50, índice que reúne 50 ações de empresas, de diversos setores, que apresentam maior valor de mercado e maior liquidez na Bolsa. Para que você tenha uma ideia, algumas das ações com maior participação relativa no IBrX-50 são Petrobrás, Vale, Ambev, Itaú e Bradesco. Esta composição não é estática: a cada quatro meses, automaticamente, as ações de baixo desempenho do PIBB são substituídas por ativos melhores.

Mas atenção: isso não significa que o investimento não tenha risco. Com todas as aplicações no mercado de ações, existe a possibilidade de se obter alta rentabilidade, mas também há o risco inerente ao mercado. Quem compra cota do PIBB não recebe dividendos: o administrador reinveste os dividendos nos papéis que compõem o IBrX-50, de forma a manter inalterados os percentuais da carteira do fundo.

Há mais informações disponíveis no site **www.pibb.com.br**.

Histórias de ouvintes

Ousadia e cisnes negros

Um ouvinte deixou no blog o seguinte comentário:

"1) Quase todos concordam que a Bolsa de Valores é o melhor investimento no longo prazo;
2) Todos concordam que a Bolsa é sujeita a oscilações no curto prazo.
Se é assim, não é bom colocar na Bolsa o que se pretende utilizar no curto prazo... Quanto ao investimento de longo prazo, qual o sentido de diversificar? Não é a Bolsa a melhor opção no longo prazo?
Colocar os ovos em várias cestas? Não... coloque numa só e cuide bem dela."

O argumento parece bastante razoável, não? Se a Bolsa é um investimento mais rentável no longo prazo do que a renda fixa, então não seria melhor concentrar as aplicações em ações, quando é este nosso objetivo de investimento?

Não. Você pode até ter uma fatia maior em ações quando sua aplicação é de longuíssimo prazo, caso de investimentos em ações para crianças (veja mais sobre este tema no Capítulo 19). Mas concentrar 100% de seus investimentos numa única classe de ativos é totalmente contra-indicado.

Nassim Taleb, autor do livro *A Lógica do Cisne Negro*, disse em uma palestra sobre risco que não é possível gerenciá-lo, porque as crises ocorrem a partir de algo que não está no radar de ninguém. É o que ele chama de cisne negro. Os atentados de 11 de setembro nos Estados Unidos, por exemplo, foram cisnes negros.

A recomendação diante dessa constatação: você deve separar a parcela do dinheiro que não quer colocar em risco e aplicá-la em investimentos conservadores, como títulos do governo. O que for para o risco deve ser dividido em diferentes mercados, com a clareza de que tudo poderá se perder se um cisne negro aparecer.

"*Risk management* (gestão de risco) é lixo, pois a tentativa de determinar causa e efeito dos fatos é continuamente obstruída por fenômenos aleatórios", afirmou Taleb numa entrevista ao jornal *Valor Econômico* publicada em maio de 2009. Ele já foi um talentoso investidor de Wall Street, um dos pioneiros em operações com os complexos contratos de derivativos, negociados nas bolsas de futuros de todo o mundo. Sua corretora, a Empirica LLC, é uma das administradoras de maior sucesso do mercado americano. Há dois anos, porém, ele abandonou as finanças para se tornar um acadêmico.

De onde vem essa ave rara?

Antes de a Austrália ser descoberta, as pessoas achavam que todos os cisnes eram brancos. Acontece que naquele país existe um cisne negro (o *cygnus atratus*). A Austrália, mostrou ao mundo que pode haver exceções sobre as quais não temos a menor ideia.

O improvável existe. "Agora, o meu cisne negro não é um pássaro, é um evento com três características: é altamente inesperado; tem grande impacto; e, depois que acontece, procuramos dar uma explicação que o faça parecer menos aleatório e mais previsível", explica Taleb.

Glossário

taxa de performance - valor cobrado pelo gestor do fundo sempre que ele supera um determinado ponto de referência (benchmark). Os fundos cobram uma taxa de administração, que é um percentual fixo sobre o patrimônio sob gestão. Mas alguns cobram, além dela, a taxa de performance, uma espécie de taxa de sucesso. Por exemplo, alguns gestores estipulam o Ibovespa como referência e, sempre que ultrapassam o ganho do índice, o cotista paga um percentual sobre este proveito.

classes de ativos - os investimentos são divididos em diversas classes de ativos. Além de ações e renda fixa, há os imóveis, o dólar, o ouro e muitas outras.

18

Quais os riscos de investir no longo prazo?

SARDENBERG – Hoje temos um assunto especial, um pedido de ouvintes que você vai atender.

MARA – É o risco de ações no longo prazo. Está todo mundo preocupado com o que está ocorrendo, os reflexos da crise americana que não são pequenos. Mas existem riscos maiores no mercado brasileiro, a meu ver, para quem investe em ações no longo prazo: o risco da falta de transparência e o risco de movimentos societários. Têm ocorrido muitos desses eventos, e vários deles prejudicam bastante os investidores. Falamos sempre de ações para aposentadoria. Por quê? Porque aplicações desse tipo são de longo prazo e ações no longo prazo costumam render mais do que a renda fixa. Os analistas concordam que para quem investe pensando em aposentadoria a Bolsa é uma boa alternativa. Entretanto, é preciso prestar muita atenção à empresa em que aplica sua poupança. Temos, por exemplo, um ouvinte que tem ações do Besc.

SARDENBERG – O Banco do Estado de Santa Catarina.

MARA – Isso. O ouvinte, Eduardo, tinha algumas economias que estava guardando para a aposentadoria e comprou ações do Besc em maio de 2007. O gráfico que mostra o comportamento das ações do Besc está no blog. A crise é brincadeira perto do que aconteceu com as ações do banco em doze meses. O preço despencou mais de 80%. E por que caiu? Porque o Banco do Brasil comprou o Besc.

SARDENBERG – Mas a compra pelo Banco do Brasil não é boa para o Besc? E para o investidor, que deixa de ser acionista do Besc para ser acionista do Banco do Brasil...

MARA – Amanhã uma assembleia dos acionistas deverá aprovar a operação. As ações despencaram por conta da relação de troca. Porque o BB não desembolsa dinheiro para comprar: ele desembolsa ações.

SARDENBERG – Então a pessoa deixa de ter ações do Besc e passa a ter ações do BB. Isso não é bom?

MARA – Acontece que cada ação ON do BB vale 12,3 ações do Besc. Essa relação de troca dilui muito o poder do acionista minoritário. E este caso não é isolado. Transações desse tipo são muito ruins para o mercado de capitais. No caso específico do Besc os minoritários são minoritários mesmo. Existe uma figura que o mercado chama de **minoritário** profissional, o investidor que opera nesse tipo de evento. Mas, no caso, os minoritários são moradores de Santa Catarina que tinham ações do Banco, em sua maioria como investimento de longo prazo. Eduardo, nosso ouvinte, tinha oito mil reais em ações – e o valor de sua carteira caiu até quase desaparecer.

SARDENBERG – E fica por isso mesmo? Não tem um protesto?

MARA – Eu conversei com uma advogada especializada em causas societárias, Alessandra Bellini, do escritório Choaib, Paiva e Justo. Ela disse o seguinte: o critério de avaliação adotado em cada um dos bancos foi diferente, mas esse procedimento foi autorizado pela CVM. Explicou também que o minoritário tem **direito de recesso**, pode vender suas ações pelo **valor patrimonial** se não quiser ser sócio do Banco do Brasil, mas que o valor oferecido pelo BB aos minoritários é quase o dobro do valor patrimonial. Então, segundo ela, a princípio a operação está bem calçada. Bem, acontece que houve um dano grande, uma perda evidente. Então pedi para a Lafis, consultoria que tem um banco de dados sobre as empresas abertas no Brasil, para fazer uma análise dessas ações. O **Fato Relevante** da operação anunciando que o BB iria comprar o Besc foi publicado em abril de 2007 – um mês depois de se ter registrado alta de 100% nas ações do banco catarinense. O gráfico está no blog. Quer dizer, alguém operou este papel nos meses que antecederam o anúncio do negócio.

Sardenberg – O papel subiu em fevereiro e março de 2007 e o Fato Relevante saiu em abril.

Mara – É algo parecido, guardadas as devidas proporções, com a Nossa Caixa de São Paulo. O papel da Nossa Caixa, mesmo na crise, só sobe. Por quê? Por causa da expectativa de que ela seja comprada pelo BB.

Sardenberg – As ações de todos os bancos estão perdendo valor e as da Nossa Caixa estão subindo.

Mara – Isso porque muita gente está operando a expectativa de compra pelo BB. No caso do Besc, como o papel tinha pouca liquidez, o efeito desse movimento foi enorme. Resultado: o Eduardo ouviu recomendações de amigos e resolveu comprar ações do banco. Vamos repetir mais uma vez: muito cuidado com as recomendações de amigos. Nosso ouvinte Eduardo comprou na alta, depois que especuladores já haviam operado toda a expectativa de ganho pela incorporação pelo Banco do Brasil. Com o que ficou? Só com perdas. Seu dinheiro de longo prazo foi embora. Esta é uma questão relacionada à crise? Não.

Sardenberg – E o que diz a CVM?

Mara – Está analisando o caso. A advogada acha muito difícil que os minoritários consigam suspender a reunião da assembleia de acionistas marcada para amanhã e recomenda que compareçam.

Sardenberg – Por quê?

Mara – Porque esses minoritários são preferencialistas, não têm direito a voto. Devem comparecer à assembleia, registrar que são contrários a esta troca de ações, e tentar reunir outros minoritários para entrar com uma ação na Justiça que verifique e puna o responsável pelo dano. Segundo Alessandra Bellini este caso é complexo, a perda foi muito grande e vale a pena levá-lo a análise judicial.

Só para você, leitor

O ouvinte Eduardo pensava que o risco de comprar ações estava apenas nas oscilações de curto prazo. Assim pensando, comprou ações do Besc em 2007. Mas veja só: pagou 33 reais por uma ação que passou a valer 2 reais e 90 centavos em curtíssimo espaço de tempo. Observe os gráficos a seguir. A crise americana e seus efeitos sobre a Bolsa brasileira são fichinhas diante desta perda.

Valorização antes da fusão

Variações do Ibovespa e das ações do Besc sinalizam operação de expectativa – em %

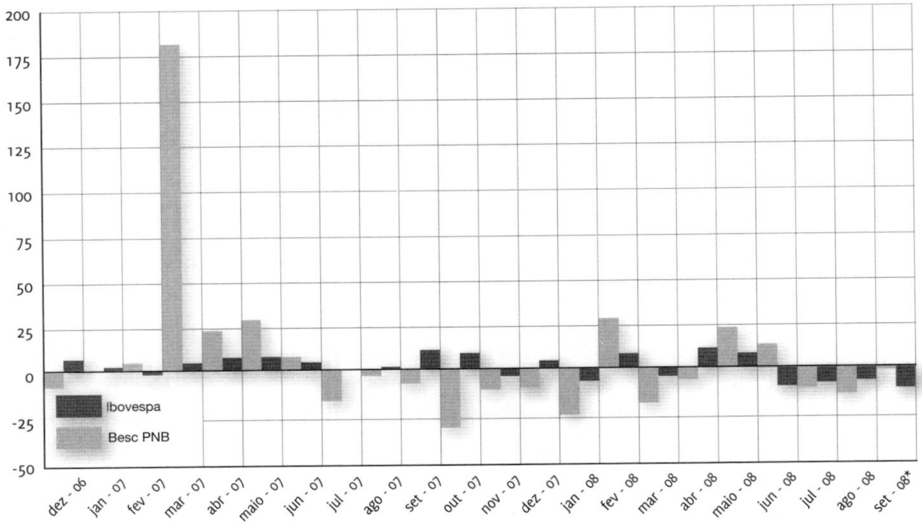

Fontes: BM&FBovespa e LAFIS
** até o dia 10/09/2008*

Troca desfavorável

A incorporação do Besc pelo BB fez as ações do banco catarinense despencarem - em %

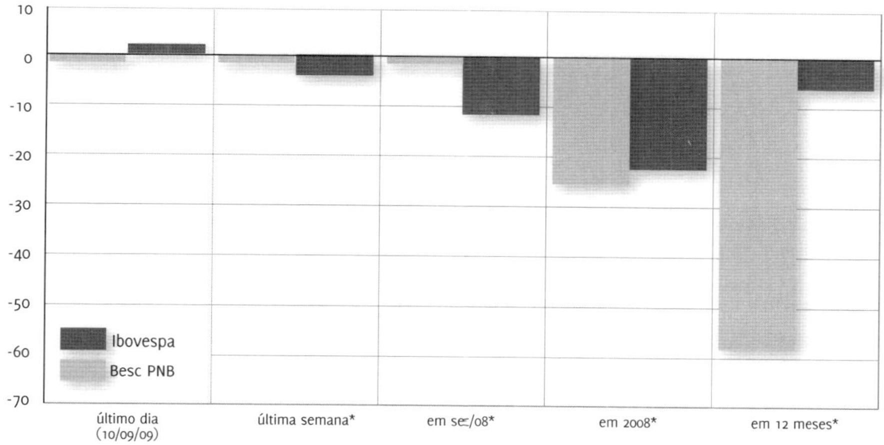

Fontes: BM&FBovespa e LAFIS
** até o dia 10/09/2008*

O que aconteceu? Neste período o Banco do Brasil incorporou o Besc – o que poderia ser boa notícia, uma vez que o BB é maior, a incorporação trará ganhos de escala e outras vantagens.

Ocorre que o BB compra o Besc numa operação de troca de ações em que cada ação ON do Banco do Brasil vale 12,13 ações do Besc. Eduardo, que comprou papéis do Besc em maio de 2007, após um movimento especulativo impulsionado pela expectativa de venda das ações do banco para o BB, perdeu muito dinheiro.

Como é possível verificar nos gráficos, as ações do Besc tiveram alta de mais de 100% em março. No mês seguinte, em abril, foi anunciado o Fato Relevante do interesse do BB pelo banco. Eduardo comprou em maio. Pagou caro. Com os termos de troca das ações, o preço dos papéis despencou.

Por que os papéis despencaram? Porque a troca não compensava. Mais uma vez voltamos ao exemplo do ouvinte. Eduardo comprou 700 mil ações por 8.113 reais. Depois da fusão ele ficou com 19 ações que valem apenas 270 reais e 18 centavos. Passou a ser acionista de um grande banco, o BB, mas devido à relação de troca estabelecida na operação, seu número de ações e seu patrimônio ficaram bastante reduzidos.

Este é um risco fatal para sua carteira, pois não depende de eventos sazonais – de a crise passar, da volta de uma temporada de alta. Havendo uma troca de ações, você pode passar a ter menos ações da nova empresa.

Em seu email, o ouvinte desabafou:

> "Sempre soube que uma ação poderia custar 20 reais hoje e um centavo amanhã. Agora, é inacreditável que um lote de 700 ações possa se transformar em um pacote de 233 ações e depois se reduzir ainda mais, para 19 ações. Isso parece um roubo, como se eu comprasse 700 carros e me entregassem apenas 19."

O que diz a lei

Segundo a advogada Alessandra Bellini, do escritório Choaib, Paiva e Justo, especializada em causas societárias, a CVM autorizou o critério de avaliação adotado em cada um dos bancos.

Ela explica que o minoritário tem direito de recesso, ou seja, pode vender suas ações pelo valor patrimonial. Ocorre que a quantia oferecida pelo BB é quase o dobro do valor patrimonial, o que torna sem sentido aproveitar o direito de recesso. "Embora a operação esteja bem calçada, houve um dano grande, a perda é evidente e é preciso análise judicial para avaliar quem causou esse dano", afirma.

O que diz a CVM:

Na época, a CVM nos enviou email com os seguintes esclarecimentos:

- A CVM instaurou procedimento administrativo para analisar a operação.
- O processo de incorporação da companhia aberta é previsto na Lei 6404/76, cujo cumprimento é objeto de verificação pela CVM, com vistas a resguardar os direitos dos acionistas minoritários e garantir equidade entre os envolvidos.
- Segundo o colegiado da CVM, o critério de cotação das ações para avaliação do BB e de fluxo de caixa descontado para o Besc poderia, sim, ser utilizado. Mas a relação de troca será analisada.

Como se proteger do risco societário

Uma forma de tentar evitar o risco societário é escolher empresas em que haja alinhamento de interesses entre acionista minoritário e controlador.

Como identificar essas empresas?

Por um instrumento conhecido no mercado como tag along. Ele garante ao acionista minoritário o direito de receber o mesmo valor que o majoritário, em caso de venda do controle da empresa.

No Brasil, por lei, aquele que detém ação ON tem direito a um tag along de 80%, ou seja, a lei obriga o novo controlador a fazer uma oferta pelas ações dos minoritários em valor equivalente a 80% do que pagou ao controlador anterior.

Algumas empresas colocam em seu **estatuto** a obrigatoriedade de tag along também para acionistas preferencialistas. E há até companhias que chegam a dar 100% de tag along para os dois tipos de acionistas.

Transparência

A Bovespa criou em 2001, portanto antes da fusão com a BM&F, uma listagem de empresas empenhadas com a boa **governança corporativa** e com a transparência. Elas se comprometem voluntariamente a ir além do que determina a **Lei das Sociedades Anônimas**.

A listagem está dividida em três grupos: Novo Mercado, Nível 1 e Nível 2. As faixas são proporcionais ao compromisso assumido.

Novo Mercado é a faixa onde estão as empresas que se dispõem a ir mais fundo nas regras de transparência e alinhamento de interesses. Para ingressar nesse ambiente diferenciado, têm de cumprir uma série de normas. A principal é a proibição de emissão de ações preferenciais (PN), ou seja, todo o capital deve estar distribuído em ações ordinárias (ON), que dão direito a voto.

Na outra ponta estão as empresas do Nível 1, primeira faixa de negociação, onde as exigências são menores – embora os compromissos assumidos superem as determinações legais. Elas comprometem-se a manter em circulação ao menos 25% do capital total e, em caso de emissão de novas ações, a usar mecanismos de oferta pública que favoreçam a pulverização do capital. Dessa forma fortalecem a liquidez de seus papéis.

Para ser listada no Nível 2, a empresa deve cumprir as regras do Nível 1 e oferecer garantias adicionais aos minoritários. Esta faixa é uma espécie de estágio preparatório para o ingresso no Novo Mercado.

Para conhecer todas as obrigações das empresas em cada uma dessas faixas consulte o site da BM&F Bovespa (**www.bovespa.com.br**). ✓

Glossário

||| **minoritário** - todo aquele que tem ações de empresa mas não é seu controlador.

||| **direito de recesso** - trata-se do direito do acionista de se retirar de uma companhia, mediante o reembolso do valor de suas ações. As situações em que o acionista tem esse direito estão previstas na Lei das Sociedades Anônimas, a Lei das S/A.

||| **valor patrimonial** - é o resultado da divisão do valor do patrimônio líquido da companhia pelo número de ações emitidas. Representa o valor de cada ação considerando bens e valores a receber, deduzidas as dívidas da empresa. Outras formas de cálculo do valor da ação, portanto da empresa, são os seguintes: contábil, intrínseco, de liquidação, unitário, de subscrição e de mercado.

||| **Fato Relevante** - evento que pode influir, de modo ponderável, na decisão dos investidores de vender, comprar ou reter as ações da companhia. A empresa é obrigada a avisar com antecedência a todos os acionistas, por meio da publicação do Fato Relevante, sempre que algo assim ocorrer.

||| **preferencialistas** - aqueles acionistas que têm ações PN. As ações PN não dão direito a voto.

||| **estatuto** - conjunto de normas que fixam os princípios institucionais ou orgânicos da empresa.

||| **governança corporativa** - esforço contínuo em alinhar os objetivos dos administradores da empresa aos dos acionistas. A empresa que opta pelas boas práticas de governança adota medidas para obter maior transparência, prestação de contas e equidade em relação a investidores, fornecedores, consumidores e funcionários, entre outros. Tem por objetivo, por um lado, maximizar a eficiência da administração, e por outro estabelecer salvaguardas para partes interessadas no negócio.

||| **Lei das Sociedades Anônimas** - também chamada de Lei das S/A, é a bíblia dos investidores, a principal lei que regulamenta as sociedades por ações e, entre outras funções, resguarda os direitos dos minoritários.

19

Quem ganha e quem perde?

SARDENBERG – Um ouvinte, o Wagner, pergunta o seguinte: "Como é possível, em menos de uma hora e meia, a Petrobras cair para 25 reais e 80 centavos, subir para 29 reais e cair de novo para 25 e 80?". Isso é porque a Bolsa está sem parâmetros, não é?

MARA – É desespero, falta de parâmetro. É muito importante que as pessoas enxerguem cada uma sua própria situação, que não entrem em pânico. Por exemplo, o meu sobrinho Cezar tem nove anos de idade e está desesperado. Eu disse a ele: 'Moleque, você tem muito tempo para recuperar perdas'. Mas ele vê no noticiário que a Bolsa está derretendo e fica louco.

SARDENBERG – Foi você quem mandou Cezar comprar ações?

MARA – Fui eu. Ele compra ações.

SARDENBERG – Agora você tem de pagar o prejuízo.

MARA – Que prejuízo? O menino tem nove anos de idade! Tem muito tempo para perder, ganhar, perder e ganhar novamente!

SARDENBERG – Mas foi você quem o induziu a essa aventura...

MARA – Que aventura? Quando ele tiver 24 anos irá me agradecer. Ele está numa boa situação, não precisa ficar desesperado. Ontem, no lançamento do livro da Mariza...

SARDENBERG – Explica quem é a Mariza Tavares, diretora da CBN. Ela escreveu um livro de poesias, 'Privação de Sentidos', da Editora 7 Letras, que foi lançado ontem na Livraria Cultura em São Paulo.

MARA – Pois então. O que as pessoas falavam no lançamento é que está ficando fora de moda dizer que não perdeu dinheiro na crise.

SARDENBERG – Fica até bonito dizer perdi 500, perdi 600...

MARA – É... Se você chegar numa festa e disser que não perdeu dinheiro algum durante a crise, as pessoas vão te olhar de jeito estranho, como se houvesse algo errado com você.

SARDENBERG – Sim, porque se você não perdeu é porque não tem nada.

MARA – Pois é. Esse cara não está com nada, não perdeu dinheiro na crise. E não é impossível que alguém menos avisado embarque nessa onda e decida experimentar o mercado justamente numa época pouco recomendável. Por conta da volatilidade, o momento é muito propício para se fazer bobagem. Então é recomendável o autocontrole: não surfar na onda da moda e também não entrar no desespero para evitar fazer muita tolice. E olhe que tem gente com motivo para ficar desesperado.

SARDENBERG – Quem é essa gente?

MARA – Quem especulou com moeda, quem tomou crédito que não podia tomar, quem vai precisar resgatar investimentos na baixa. Esse pessoal tem problemas. Agora, quem comprou ações para a aposentadoria, quem não tem que pagar financiamento com o dinheiro das ações, o Cezar que tem tempo... Gente assim não tem motivo para sofrer.

SARDENBERG – Mas a pergunta dos ouvintes é: 'Eu tenho ações na Bolsa – o que devo fazer?' O Merval Pereira citou, aqui na CBN, um analista americano que diz o seguinte: se você for precisar do dinheiro antes de cinco anos, resgate agora.

MARA – Até para tirar o dinheiro da Bolsa é preciso ter uma estratégia. Ocorrem oscilações para baixo e também para o alto. Mesmo durante a crise há momentos de alta. Quem quer resgatar, então, deve esperar esses momentos. Não pode sair no meio do pânico, num dia em que a Bolsa caiu 15%, como já aconteceu. Uma coisa é importantíssima: verificar em que empresas você está investindo.

Sardenberg – Porque cada uma reage de uma forma.

Mara – Isso. Quem tem dinheiro na Bolsa tem que acompanhar as empresas de que é sócio. Essa empresa vai sofrer mais ou menos? Está endividada? Especulou com moeda? Eu conversei com o analista Celso Boim e ele chamou atenção para algumas coisas importantes. Está tudo barato? Sim, ele diz, está tudo muito barato. Mas está estudando as empresas para verificar quais irão se sair melhor. Faz a projeção do fluxo de caixa futuro das companhias, que no final das contas é o que determina o seu valor.

Sardenberg – E quem comprou ações via fundos?

Mara – Nesse caso é o gestor quem faz o trabalho de escolher as ações que compõem a carteira. É bom verificar se o gestor de seu fundo é um administrador competente, porque algumas empresas sofrem mais do que outras.

Sardenberg – Quem sofre mais na crise?

Mara – O dólar em alta, por exemplo, sinaliza para as exportadoras. Numa crise, sempre que o câmbio é pressionado as exportadoras são favorecidas. Mas na crise que começou em 2008 as coisas são diferentes.

Sardenberg – Por quê?

Mara – Por conta dos derivativos de moedas. Em crises anteriores, sempre foi uma boa alternativa correr para exportadoras e bancos. Desta vez muitas empresas exportadoras abusaram de derivativos. E os bancos sofrem em todo o mundo como reflexo do problema dos bancos americanos, que ficaram no centro da crise.

Sardenberg – Então quais são as empresas que têm chances de sair bem?

Mara – Aquelas que não terão o fluxo de caixa futuro comprometido, como as elétricas. Elas já fizeram investimentos, sua receita futura não vai cair drasticamente. Esse setor, segundo Celso Boim, vai estar bem.

Só para você, leitor

Cezar tem nove anos de idade e tem ações de boas empresas. Sempre que vai comprar ações para o filho, a mãe o leva junto – como parte de sua educação, por assim dizer. Desta forma, desde pequeno Cezar começou a conhecer o mercado, as empresas, e aprendeu a fazer poupança de longo prazo.

Como Cezar tem muito tempo pela frente, as chances de obter um ótimo retorno com seu investimento são grandes. Ele acompanha as notícias sobre as empresas em que investe e por vezes o próprio movimento da economia é motivo de perguntas que faz para os pais, professores e tios. Está aprendendo os conceitos econômicos naturalmente, sem achar que economia é coisa chata ou reservada aos entendidos.

Formar um patrimônio para as crianças com aplicação em ações é uma alternativa bastante interessante. Tão importante quanto a poupança é a possibilidade de formar pessoas conscientes de que a vida não é só consumo, de que precisamos ser **agentes econômicos** responsáveis, o que será bom para todos.

Na crise, Cezar aprendeu que ações também caem. O período de alta da Bolsa coincidiu com a fase em que ele aprendeu a ler. Aliás, Petrobras foi uma das primeiras palavras que ele leu, porque mesmo antes de estar alfabetizado já era acionista da empresa.

Nos últimos cinco anos ele só viu a aplicação crescer e ficou assustado quando recebeu o primeiro extrato com menos dinheiro do que havia no mês anterior. Ficou cada vez mais assustado nos meses seguintes, porque as perdas persistiram.

Mas ele não precisa se preocupar. Não tomou dinheiro emprestado para comprar ações, não tem necessidade desse dinheiro para viver e tem muitos anos pela frente para recuperar as perdas. Além disso, pode contar com os dividendos, que são pagos regularmente.

Os analistas dizem que ações e crianças formam uma combinação perfeita.

É possível fazer investimentos em nome da própria criança. Para tanto é necessário que ela tenha carteira de identidade e CIC, documentos que se pode obter mesmo antes do primeiro ano de vida.

Use o tempo a seu favor

Entre os comentários deixados no blog da Mara sobre a história do Cezar, este foi o que chamou mais atenção:

"Desde que idade Cezar investe na Bolsa? Espero que não tenha começado com o Ibovespa a 73.000 pontos!! E comprado abya3 por 20 reais, que chegou a um real; ou posi3 que saiu de 50 reais para 8 reais".

Na verdade, como tem apenas nove anos de idade, não faz muita diferença para o Cezar a cotação em que estava ou está sendo negociado o Ibovespa. Provavelmente ele só irá resgatar esse dinheiro em dez ou quinze anos. Se tiver boas empresas, é possível inclusive que nem resgate, mas prefira viver de dividendos. Sua preocupação deve ser verificar se a empresa em que investiu continua próspera e bem administrada.

É muito difícil fazer previsões, principalmente no longo prazo. Mas observe que, pelo tempo que tem a seu favor, a criança não precisa sequer fazer um investimento alto, uma vez que seu esforço será o de acumulação ao longo dos anos.

As duas ações a que o ouvinte se refere são Abyara e Positivo. A primeira é empresa do setor de construção, que passou um momento de expansão com o aumento do dinheiro disponível para financiamento imobiliário, uma novidade para o brasileiro. Suas ações deram saltos e em seguida, com a crise americana e a redução da oferta de dinheiro no mercado, sofreram barbaramente. No dia três de setembro de 2009, a Abyara fundiu-se a Agra e Klabin Segall, formando a Amazon Group Real State (Agre Empreendimentos), uma das maiores imobiliárias do país. Na véspera do anúncio, as ações caíram. Entretanto, no dia 4 de setembro o Ibovespa registrou alta de 1,19%, impulsionada pelos papéis do setor – que, aliás, foram considerados 'atrativos' em relatório divulgado pelo banco Morgan Stanley. Nada disso era previsível quando o ouvinte deixou seu recado no blog.

As ações da Positivo, empresa que mais vende computadores no varejo e se beneficiou com o crescimento da economia brasileira e com a alta do mercado de ações, tiveram comportamento semelhante. A Positivo sofreu com a crise e com a queda abrupta da Bolsa, porque suas vendas dependem do aumento da renda e da disponibilidade de recursos para financiamentos ao consumidor. Veja nos gráficos a seguir o que ocorreu com os papéis da Abyara e da Positivo entre janeiro de 2008 e julho de 2009.

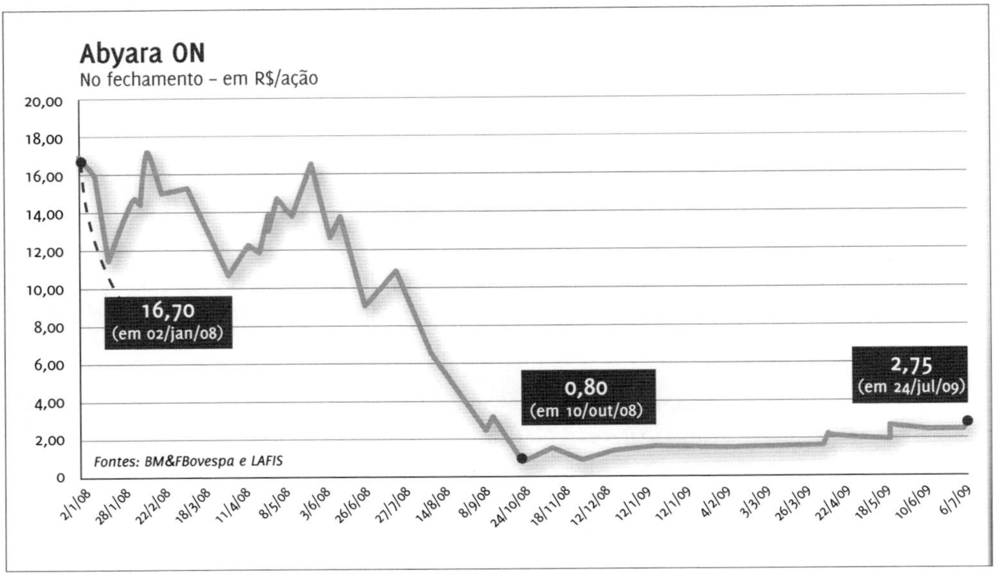

Abyara ON
No fechamento – em R$/ação
20,00
18,00
16,00
14,00
12,00
10,00
8,00
6,00
4,00
2,00
0
16,70
(em 02/jan/08)
0,80
(em 10/out/08)
2,75
(em 24/jul/09)
Fontes: BM&FBovespa e LAFIS
2/1/08
28/1/08
22/2/08
18/3/08
11/4/08
8/5/08
3/6/08
26/6/08
21/7/08
14/8/08
8/9/08
24/10/08
18/11/08
12/12/08
12/1/09
12/1/09
4/2/09
3/3/09
26/3/09
22/4/09
18/5/09
10/6/09
6/7/09

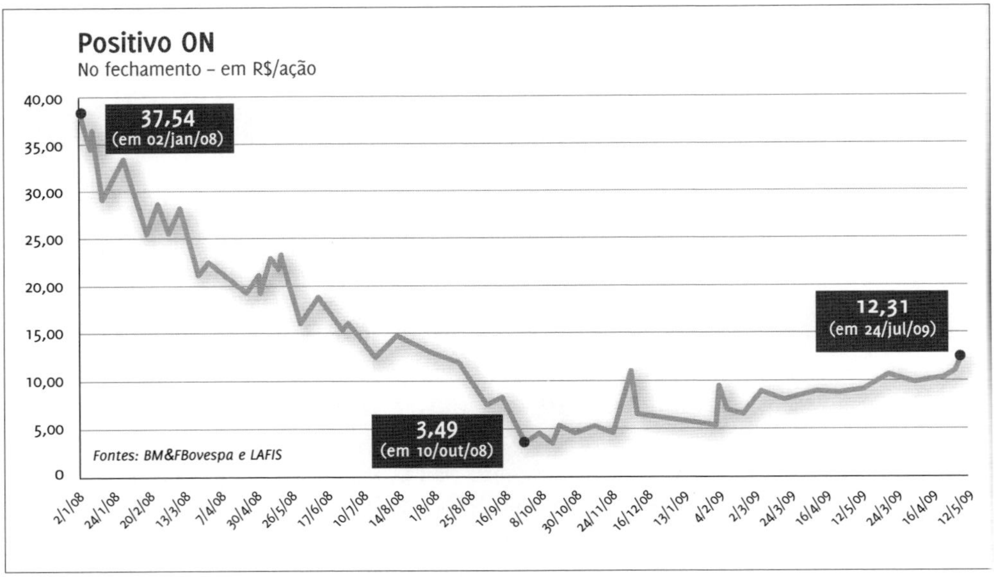

Positivo ON
No fechamento – em R$/ação
40,00
35,00
30,00
25,00
20,00
15,00
10,00
5,00
0
37,54
(em 02/jan/08)
3,49
(em 10/out/08)
12,31
(em 24/jul/09)
Fontes: BM&FBovespa e LAFIS
2/1/08
24/1/08
20/2/08
13/3/08
7/4/08
30/4/08
26/5/08
17/6/08
10/7/08
14/8/08
1/8/08
25/8/08
16/9/08
8/10/08
30/10/08
24/11/08
16/12/08
13/1/09
4/2/09
2/3/09
24/3/09
16/4/09
12/5/09
24/3/09
16/4/09
12/5/09

Investidores que compraram ações dessas empresas no momento de pico precisarão de alguma paciência para recuperar o que pagaram e lucrarem. No caso de Cezar e de outras crianças, tempo é o que não falta.

Mesmo os que investem no longo prazo, no entanto, não estão isentos da preocupação com a qualidade das companhias em que aplicam seu dinheiro, e com as perspectivas do setor em que operam. Uma empresa que não tenha futuro próspero e esteja num setor problemático pode não se recuperar com o tempo.

Lembre-se sempre que ao investir em ações você se torna sócio de um negócio e, portanto, não perca de vista a empresa à qual se associar. ✓

Glossário

agentes econômicos - são os indivíduos, grupos de indivíduos ou organismos que constituem os centros de decisões e de ações que impulsionam os movimentos econômicos.

BOVESPA
A Bolsa do Brasil

Entremeio

Bem, chegamos ao final da primeira parte deste livro. A partir da seleção de boletins que foram ao ar na rádio CBN nos últimos meses, traçamos um panorama de informações sobre os fundamentos do mercado de ações, seus riscos e oportunidades – uma espécie de ferramenta para que você avalie, com base em argumentos sólidos, se este caminho é adequado ao seu perfil de investidor.

Nas próximas páginas há novas informações. São 100 respostas a perguntas de ouvintes que nos enviaram emails, e que fizeram postagens no blog e no twitter. Recebemos muitas questões, sabemos que o volume de dúvidas é imenso e nem sempre é possível responder a cada um. No entanto, lemos tudo o que nos é enviado – e as questões recheiam os comentários que produzimos e levamos ao ar em nossos boletins. O que você lerá, a seguir, é uma coleção feita na tentativa de atender ao maior número de possível de interessados no mercado acionário – nossos ouvintes e também aqueles que apenas agora estão descobrindo que podemos apoiá-los na empreitada de ampliar seu leque de investimentos.

As perguntas que recebemos e selecionamos para publicação foram divididas em blocos. Neles estão desde dúvidas básicas sobre o mercado até pedidos de carteiras específicas. Não pensem que é brincadeira: muitos ouvintes nos escreveram pedindo a indicação de uma carteira de ações para guardar dinheiro para a Copa de 2014! Como não podemos indicar ações, consultamos corretoras para que fizessem sugestões. Você poderá escolher uma das alternativas ou comparar as recomendações com as de sua corretora.

É óbvio que o tema mercado de ações não se esgota com este livro. Esperamos estar lhe abrindo uma porta de entrada. Depois desta leitura, escolha outros autores, aprofunde seus conhecimentos. Informar-se é sempre um excelente caminho para fazer melhores escolhas em qualquer setor da vida – e com investimentos não é diferente.

Atualmente existe uma enorme gama de fontes de informações, algumas gratuitas e outras muito caras. Cabe a você pesquisar e investir um pouco do seu tempo para selecionar as mais confiáveis e aquelas que melhor atendam a suas demandas. É preciso ter atenção para não cair em armadilhas. Sempre desconfie de respostas simplistas e de analistas que sabem tudo.

Há um mundo de informações – gratuitas ou não – disponíveis na internet. Em relação a estas, como a outras facilidades, faça como o santo: desconfie. Procure conhecer as credenciais de quem lhe está oferecendo serviços, e seja criterioso na seleção. Isso logo na partida. Depois, ponha tudo em dúvida. E nunca leve a sério dicas e boatarias. Afinal, quando se trata de seu dinheiro todo o cuidado é pouco.

Não tenha ilusões, contudo. Por melhores que sejam as fontes de informação que você decida utilizar, a decisão final sobre seus investimentos será sempre sua, individual, solitária. E sim, você vai cometer erros. A boa notícia é que mesmo os mais espetaculares investidores do mundo erram em suas aplicações. O grande segredo para o investidor bem sucedido é contabilizar mais acertos do que erros, conquistar seus objetivos e realizar seus sonhos. É o que desejamos para você.

As perguntas e respostas a seguir complementam a primeira parte deste livro. Vale a pena mergulhar mais um pouco, pois provavelmente você irá se identificar com muitos dos questionamentos que nos foram apresentados.